湛庐CHEERS

与最聪明的人共同进化

HERE COMES EVERYBODY

刘小鹰
天使投资科学体系创立者
老鹰基金创始合伙人
“做1000个梦想的天使”

亲历从创业到上市的传奇企业家

做　企　业，　当　如　鹰　般　「敏　锐」

刘小鹰，一个有着多重面纱的超级天使投资人、成功企业家，无论做企业、做投资还是过生活，他都有着独特的成功密码。如同他的名字一样，刘小鹰有着如鹰一般敏锐、前瞻的眼光，看到了通信与手机行业未来的机会，毅然从和记黄埔辞职，创办了长远电信。在企业发展过程中，他让长远电信一次次抓住机遇，渡过各种危难而成长壮大，并且成功在香港主板挂牌上市。

在1988年大学毕业后，刘小鹰经师兄介绍进入李嘉诚的和记黄埔洋行打工，成了一名销售工程师。1991年偶有机会去瑞士参观电信展，他由此认识了诺基亚、爱立信和众多通信设备厂商的负责人，这便有了后来拿下诺基亚中国总代理权的因缘。1993年辞职创业时，他正好三十而立，连续3天办了人生3件大事：第一天辞职，当晚飞北京，第二天举行婚礼，第三天长远电信正式开业。

那时，诺基亚是世界500强企业，他用20万港币签下诺基亚的中国总代理权称得上是个奇迹。从1993年到1997年，长远电信每年的收入翻几番，利润也翻几番，于是刘小鹰开始考虑上市融资。这个过程可谓荆棘满途，但幸于1999年初，港交所推出了主打科技和互联网的创业板上市计划，长远电信幸运地搭上了这趟列车。

2000年2月16日，长远电信成功挂牌上市，第一天股价上涨33%，成交量占整个创业板一半多，市值突破了20亿元——那时刘小鹰36岁，成为香港最年轻的上市公司主席。长远电信上市后，因连续多年盈利增长，2004年转到香港主板挂牌。

坚持超长期主义的产业化天使

做　投　资，　当　如　鹰　般「　果　决　」

从 2012 年看准股权投资的机会成立老鹰基金，刘小鹰凭借如鹰一般的坚持与果决，很快跻身为中国天使投资圈一线知名大咖。他创立的老鹰基金早已成长为一家具有国际视野的产业型天使投资基金，管理资产超过 30 亿元人民币，秉承着“做 1000 个创业梦想的天使”的愿景，已直接投资近 300 家企业，通过参股基金管理人和子基金出资，间接投资近 1000 家企业，被列入国家级私募股权基金排行榜“ 中国最佳天使投资基金”前三名，而刘小鹰也获得清科集团、投中集团等机构颁发的中国前 20 早期投资人荣誉。

2008 年长远集团转型重组后，刘小鹰一直在思考如何使它成为百年企业，并开始尝试多元化投资和并购。他想到，如果将生意由买卖产品转化为买卖资产，既能保值增值、长线持有，还有很强的流动性，这是多么好的商业模式！就这样，刘小鹰彻底转型，他于 2012 年注册老鹰基金商标，自己累计出资 1.2 亿元，发起老鹰第一期基金，连续 3 年，累计投资了 50 多个早期项目，并设立家族天使母基金，出资多家早期投资机构。

ChatGPT 的横空出世让人们惊叹于人工智能的力量，殊不知刘小鹰在这个赛道上早已进行了布局。他在 2013 年投出的影谱科技如今已成为全国有名的人工智能独角兽领军企业。他在创投圈深耕细作，一步步扎实地建立起自己的生态布局。在他投资的项目中，已经有 5 家企业成功上市，分别是怪兽充电、孚能科技、润建通信、亿航无人机和硅谷 Knightscope；还有多家企业正在准备申请上市，分别是影谱科技、趣拿网络、收钱吧、中感微、龙创设计等项目；回报倍数不仅有数十倍、百倍，也有千倍。一路走来，他用真金白银练就了投资“如来神掌”，并经过多次论证总结出看赛道、看项目、看团队的三维度天使投资法则，找到了以科学体系提高投资成功率的可能性。

生命不息，寻梦不止的热血老男孩儿

过 人 生，当 如 鹰 般「强 健」

尽管刘小鹰需要如同空中飞人一般四处看项目、管理被投企业、做投资授课、做创业导师、出席各类投资圈活动，忙得分身乏术，但他总会为自己留出热血追梦的时间。

2013 年他 50 岁时和朋友去中国台湾地区环岛骑行，并深深地爱上了长途骑行。他希望把美好的体验传递给更多的朋友，于是发起了飞鹰骑行俱乐部，并连续 6 年带团去台湾环岛骑行，而后又打造出了创投圈最火的飞鹰乐队。

2018 年世界杯期间，55 岁的他又发起鹰超足球俱乐部，很快募集了 200 多人，成员来自创业、投资和互联网圈。他们建立了会员制度，并定期组织队内训练，每月还有机构间的友谊赛。2019 年，鹰超足球举办了首届老鹰杯创投圈足球联赛。现在他又将高尔夫球场作为了新的主场，成了业余高尔夫球教练。

从白手起家，打拼成为成功的创业者、企业家，再凭借创业经验与前瞻眼光转型为斩获千倍回报的超级天使，刘小鹰以超凡的热情、勇气与智慧不断谱写着人生传奇。他是创业者的超级伙伴，为他们慷慨地提供资源、经验与帮助，他也是天使投资领域的引路人，倾心创立天使投资科学体系，以科学的方法对抗天使投资中的偶然性与高风险，帮助投资人投出百倍、千倍项目。

天使投资科学实战课

刘小鹰 著

中国财经出版传媒集团
中国财政经济出版社

测一测

关于天使投资的科学方法，你了解多少？

扫码加入书架
领取阅读激励

- 天使投资中，投资人往往会掉入一些“投资陷阱”，从而导致投资失败。以下哪项是投资人在投资时应该做的？（　）

  A. 只投资给自己信任的熟人

  B. 得到回报后就立刻退出

  C. 详细了解调查后再去投资

  D. 投资人全权控制项目运作

扫码获取全部测试题和答案
一起了解如何用科学的认知
做好投资

- 进行天使投资时，如果一个项目很多人都不看好，那么这个项目一定不值得投吗？（　）

  A. 一定

  B. 不一定

- 下列对天使投资的认识哪一项是错误的？（　）

  A. 天使投资是运气与概率的游戏

  B. 通过掌握科学的方法，天使投资也能可评估、可论证、可预测

  C. 天使投资实现千倍回报不是传说

  D. 天使投资是一个专业与科学并重的体力活

扫描左侧二维码查看本书更多测试题

小鹰是资深企业家和专业天使投资人，拥有35年的创业和投资经验，《天使投资科学实战课》正是他自己的宝贵理论和实战经验的精粹。这本书深入讲述了天使投资行业的内部机制和运作规律，堪称天使投资的实战宝典。小鹰独创的“天地人1234法则”，从公司经营角度看也是非常好的创业指南，特别是创业融资、对接资本的部分。小鹰认为，要做好天使投资人，需要用时间换空间，陪伴企业一路成长，才能获取投资的最大回报。小鹰在书中还提出了“产业型天使”的概念，天使投资人如能帮助创业者早点深入到行业和产业，就可以避免闭门造车，避免做出来的产品不符合消费者口味。《天使投资科学实战课》是一本难得一见的好书，我极力推荐广大创业者、企业家、投资人阅读此书，它不仅非常值得一读，更应该被收藏起来时时翻阅。

李宁

李宁品牌创始人

《天使投资科学实战课》的确是一本承载小鹰深刻体会的书，从战略到战术都体现出一位资深天使投资人的专业和眼光，提供了独到的天使投资方法论和实战案例。天使投资就是投资创业，创业是 10 年磨一剑，新东方集团创业已经 30 年，虽然曾经取得一些成绩，但我们仍然在持续奔跑，持续创业。希望中国有更多的天使投资人帮助创业者成功。无论你是想要在新时代取得成功的创业者，还是希望更好地理解未来行业发展趋势的投资人，这本书都值得细读，从不同的角度看到的内容都同样精彩。

俞敏洪

新东方教育集团创始人

当年认识小鹰时他还是企业家，业余在做股权投资，没想到后来他创办了老鹰基金，全心全意从事专业天使投资事业。小鹰的愿景是要投资 1 000 个创业公司，成就 1 000 个创业梦想，如能实现，那将是他的投资眼光和业绩的力证，也将是一件对中国的创业和天使投资行业有贡献的善举。这本《天使投资科学实战课》体现出小鹰是一位善于思考、总结、提炼和分享的天使投资人，他从实战角度出发，全面深入地探讨了天使投资的各个环节和要点，从更高维度展示了投资与创业的艺术。小鹰说他很喜欢我早期的一本书《野蛮生长》。人过半百，必定对自己的人生下半场有很多思考，我欣赏小鹰对天使投资事业的认知和执着，相信只要他坚持下去，必定能出好成绩。

这本书通过丰富的案例分析、实际投资操作技巧、市场趋势及风险管理等方面的内容，揭示了什么样的项目值得我们去投资、如何把握市场机会、如何在复杂多变的市场环境下保持敏锐的嗅觉和快速反应，从而提高投资收益率，取得更好的成果。不管是老一代还是新一代的创业者、投资人，我真心建议你赶快拿起这本书，认真阅读、学习和借鉴，一定会受益匪浅。

冯仑

御风集团董事长

小鹰是一位在创投圈和新媒体上都很活跃的天使投资人，他也经常将关于企业经营和天使投资的观点无私地分享出来。我们有合作投过创业项目，知道他对创业者是真心呵护和支持的。创业和投资都是非常艰辛的事业，我很佩服小鹰，作为一家上市公司的董事长，他又再次创业成立老鹰基金，历经 10 年，从天使阶段投出了这么多创业项目。分众传媒创办于 2003 年，2005 年在美国纳斯达克上市，不到 3 年就创造了一个小记录，这正是因为得到了资本的助力，公司上市后，我们也一直在孵化和投资科技和消费领域的优质企业。天使投资不仅需要具备深刻的创业同理心，也需要扎实的知识储备、严谨的决策思维以及敏锐的市场洞察力。因此，我很高兴看见小鹰这本书及时面世。

好的创意是一次性的，但好的方法论可以不断复制。《天使投资科学实战课》汇集小鹰多年创业和投资的心血，它是一本引领时代的创业和投资读物。这本书提供了一系列科学、系统的投资方法论，从看赛道到看项目、看团队等方面，讲述投资人如何发现潜力明星项目并进行精准投资，值得投资人在实践中反复学习并应用。通过丰富的案例分析，作者深入剖析了成功和失败的原因，让投资人更好地规避风险，避免犯错。对于想要进入天使投资这个领域的读者来说，《天使投资科学实战课》是一本不可多得的好书，它会帮助你找到正确的路，开启新的事业征程。

江南春

分众传媒创始人

当下的创业和投资环境变化万千，如何寻找优质项目、降低风险、实现财富增值成为关键问题。《天使投资科学实战课》是一本经过时间检验的权威指南。如小鹰所写，天使投资并非靠运气和概率的博弈，而是一个有方法论、可论证、可评估的艺术与科学结合的股权投资专业。这本书凝聚了小鹰多年心血，为投资者提供了一套科学的天使投资系统方法论，也让创业者洞悉如何对接投资人，才能提高成功概率，相信你们定会从中受益！

周逵

红杉资本管理合伙人

《天使投资科学实战课》为读者提供了一种科学而可行的方法来进行天使投资。刘小鹰作为一位知名的天使投资人，用自己 35 年的投资心得和经验来讲述，如何通过对赛道、项目和团队的科学分析来规避价值陷阱，找到高变量、高成长、高回报的好项目。对于天使投资人来说，这本书无疑是一本非常有力的工具书，能帮助他们从盲目跟投中解脱出来，实现财富增值；对于创业者来说，这本书则可以帮助他们更好地理解投资人的逻辑，讲好自己的故事，增加被投概率。我强烈推荐这本书给那些渴望在投资和创业领域获得成功的人。

刘润

润米咨询创始人

在我印象里，小鹰总语言犀利，善学习、爱思考、重实践，看问题、甄别项目有一套独具慧眼的方法。作为创始人，他已带领老鹰基金播下了几百颗希望的种子，充满创业的激情、理想与情怀，又饱含投资的睿智、理性与定力。

天使投资是私募股权投资市场的第一站、排头兵，要在广泛的创业团体中完成商业价值发现、人才发掘与培养、先进技术研发与推广、商业模式创新及应用。天使投资涉及之广、投资方式之丰富，每一笔投资都足够写成故事、凝成经验。如今，小鹰总集众人之力，成非凡之事，还将成功的经验与失败的教训无私地通过《天使投资科学实战课》这本书分享给读者，定会为读者走上成功创业、成功投资之路大大助力。

希望小鹰总和老鹰基金继续保持“鹰”的高瞻远瞩、天使情怀、拼搏精神，翱翔于蓝天。

贾红波

红京咨询董事长

中国基金业协会前秘书长

《天使投资科学实战课》汇聚了鹰总创业与投资35年的经验智慧，是科学与实践的完美结合。这本书系统性地阐述了投资决策的科学方法，帮助投资人更精准地评估赛道、项目和团队，为寻找高回报项目奠定了坚实基础。更为难得的是，这本书同时提供了深刻的创业者视角，帮助创业者更好地理解融资过程，提高成功率。这个维度的内容对于餐饮行业的经营者和创业者尤为重要。所有知识的吸收，本质上都是对思维的打磨。顺着鹰总脉络清晰的讲述思路，大家的决策思维和洞察力会在潜移默化中得到提升，所以我说，这是一本不容错过的佳作。

白秀峰

美团新餐饮研究院院长

鹰总是我很欣赏的天使投资人，他刚开始发基金募资的时候，我就主动并坚定地成了老鹰基金的有限合伙人，没想到基金还没到期我们就拿回了投资的本金，这个业绩在天使投资圈里也是不可多得的优秀纪录。鹰总在创投圈非常活跃，创建了好几个聚集创业者、企业家和投资人的运动社群。鹰总是一位真正的天使投资人，在他的投资和帮助下，有数百位创业者获得了天使轮投资，开启了他们的创业生涯。创业过程中有苦有乐，能陪伴创业者一路走来的天使投资人，是创投生态里面不可多得的重要一员。

听说鹰总要出书好几年了，他希望把多年来踩过的坑、总结的经验分享给大家，帮助大家少走弯路。今天喜见《天使投资科学实战课》终于要面世，我毫无保留地推荐这本书，相信不管你是创业者、企业家，还是投资人，都可以从书中找到你想要的内容，得到一些启发。

周丽霞
天使联合汇主席
金慧丰资本董事长

在这个充满机遇和挑战的时代，科学创新越来越成为推动社会进步的重要力量。

《天使投资科学实战课》系统地讲解了科技领域中的重要趋势和风口，帮助投资人把握未来发展机会，把用户需求和科技变革有机结合起来，同时还凝聚了鹰总诸多的投资经验和案例分析，帮助大家更加精准、高效地寻找和筛选优质项目，避免盲目投资和损失。只有不断学习和探索才能保持竞争优势，而《天使投资科学实战课》正是一份非常好的学习资料。

如果你想要成为一名成功的投资人，我强烈推荐你来学习这本书。

吴世春
梅花天使创始人

鹰总有过自己的创业经历，了解创业的艰辛。他身上有创业的基因和情怀，能够读懂创业者的梦想，也清楚创业公司不同阶段的坎，能恰到好处、感同身受地帮助创业者解决问题和麻烦。他作为天使投资人，不仅能够给创业者投入资金，而且能够向创业者分享公司管理的经验，甚至能够帮助创业者对接资源，如客户资源、渠道资源、政府资源和媒体资源。这样的天使投资人实在是难得的创业导师。鹰总用自己干实业赚的钱去做天使投资，摸索出经验和教训，练就出科学投资的理念和方法论，才转身做职业天使投资人，发基金，帮助更多的合伙人赚钱。他善于思考提炼，总能够悟出其中的道，不断迭代更新，逐步完善自己的投资理念和方法论。更值得点赞的是，他愿意不厌其烦地做讲座，将经验和心得毫无保留地分享给其他投资人，希望更多的企业家转型成为合格的天使投资人。这样的天使投资人是不可多得的投资导师，这本《天使投资科学实战课》就是最好的指南，没有之一。

鹰总的名字来自“小鹰号”航母，寓意他胸怀大志，注定是个有梦想的男儿。不管是早年创业做实业，还是现在做天使投资，他都像一艘航母，带领他的航母战斗群，乘风破浪、鹰击长空地去到达那梦想的彼岸。

乔迁
天使百人会理事长
健坤慈善基金会理事长
北京银河金桥投资有限公司董事长

从选择项目到获得超高回报，这条路如何走好，在《天使投资科学实战课》这本书中，鹰总结合自身经历给出了完美答案。他把自己30多年来创办企业、发起产业投资的成功经验汇集成书，毫无保留地将自己摸索总结出来的理论体系分享出来，在资本赋能和创新引领方面都带给人重要启发，不仅能对做早期投资的朋友们有所助益，还向创业者展示了当下的投资关注方向，帮助创业者培养长远战略眼光，重视项目成长性，提高融资成功率。

王少杰

中关村股权投资协会会长

鹰总是天使成长营最受同学们欢迎的导师之一。他既有优秀投资人的专业，又有成功企业家的视角。这几年，我们AC加速器和老鹰基金有多个合投项目，大多发展良好。鹰总和老鹰基金投资体系的完善、相关工具的完备以及真心帮助创始人的完美，让我本人和工作团队在近距离学习的过程中受益良多。鹰总最新的大作《天使投资科学实战课》集合了投资方法和心法，既有科学实战，又有天使情怀，强烈推荐。

徐勇

中关村天使成长营院长

听闻鹰总的新书《天使投资科学实战课》已在付梓之间，由衷高兴，鹰总也跟我分享了部分的章节内容，我更加期待能早日读到鹰总的心血之作。

近些年大量企业家、公司高管、高净值人士开始涉足天使投资，但是有的因为没有敬畏心而投资失败，有的由于缺乏指导而不得其法，有的则因一知半解而走了很多弯路。现在，作为已经在前线硝烟中摸爬滚打多年的知名天使投资人，鹰总毫无保留地把他的心法记录下来并集结成书与大家分享。相信好书相伴，兵法在手，必会少交不少学费，少走很多弯路。

柳庆明

中国好天使投资学院执行院长

鹰总是正和岛对路投资学院最受欢迎的导师之一，他的敬业、专注、靠谱等都给正和岛的企业家们留下了深刻印象，听闻鹰总要出书的消息，我发自内心地高兴，书的内容不剧透，单说两点：一，鹰总的靠谱，熟悉的人都知道，老鹰基金第一期基金完全是自有资本，这在创投圈非常少见；二，大家总认为天使投资都是天马行空，靠运气吃饭，其实不然，不论看人、赌赛道、观模式、聊估值，都实实在在有其方法论。虽不能完全依葫芦画瓢，但若借鉴一二也会受用匪浅。不管是新人，还是已经有不少经验的投资人，相信鹰总的大作《天使投资科学实战课》都能给大家带来实实在在的干货。

曾兰

正和岛创典创始合伙人

正和岛对路投资学院秘书长

我与鹰总相识 20 年，他是一位责任感强、时尚又充满智慧的企业家，与他共事能深刻地感受到他身上的能力、魅力与魄力，令人敬佩。

鹰总有一双“鹰的眼睛”，锐利、透彻，他能看得到每一个创业者身上的优势和特长：先天条件好的、后天可以培养的、可单打独斗独立创业的、能取长补短组团创业的……但凡有闪光点，鹰总都愿意去挖掘他们的潜力并加以培养。比起项目的短期盈利能力，他更注重项目的“成长性”，不仅做投资，还进一步做投后管理，与创业者为伍为伴，同甘共苦。用他自己的话来说就是：“天使投资最大的满足感在于‘渡’，渡产品、项目、人，特别是在公司濒临倒闭时天使投资人能出手相救，帮助创业者把项目盘活。”古人云，与有肝胆人共事。我之所以投资老鹰基金，一方面是被鹰总的人格魅力所吸引，另一方面是信服他在天使投资领域独特的眼界和丰富的经验。

鹰总的新书《天使投资科学实战课》即将付梓，真心替他高兴。这本书记录了鹰总的真实人生经历，汇聚了他一路走来所汲取的经验、阅历之精华。读一本好书，能影响人的一生，希望此书能给读者带来别样的感悟！

李捷
浙江加利利科技集团董事长

鹰总是我的良师益友，是那个“比你优秀还比你更努力的人”。他身上有很多闪光点，令他特别适合做投资，尤其适合做早期投资。

鹰总做天使，除了情怀之外，他在实业上的丰富阅历也起了很大作用，这种丰富的实战经验远不是学院派的纸上谈兵可以企及的。创业者创业路上什么困难都有可能碰上，大到战略方向，小到人情世故，鹰总常常能一语点醒梦中人，原因就是这些沟沟坎坎他自己大都经历过，有过这种深刻感悟的人才可以“渡人”。

在我看来，鹰总就是一个天生的天使投资人，前半生的经历都是为后半生做天使而准备的。我毫无保留地推荐鹰总的力作《天使投资科学实战课》。

高震

高脉联合财富办公室创始合伙人

投资界和实业界不同，有人笑称这是“人精”聚集的地方，也有人认为是一个能点石成金的场所。其实，这也是个“水很深”，甚至有陷阱的舞台，很多人诚惶诚恐，如履薄冰。在这样的环境下，鹰总提出的“投资 1 000 家初创公司，资助 1 000 个贫困学生，打造市值 1 000 亿元的基金”崇高理想，引起了我的强烈共鸣，让我敬佩不已。这始终不忘初心的劲头，堪称投资界的一股清流。

我们是生活中的好友，也是工作上的战友。人到中年，能拥有这样一位充满理想而又注重实践，充满工作热情且具有超强进取心，相互支持又惺惺相惜的挚友，实乃人生一大幸事。

来建根

杭州老鹰宜来基金合伙人

天使投资需要
科学的方法和长期主义的精神

李竹
英诺天使基金创始合伙人

当初认识小鹰是在十几年前的一个创投论坛上，当时我们作为嘉宾，以独立天使投资人身份参与活动。没过多久，我们就分别开启了天使投资的新事业，我创办了英诺天使基金，小鹰创办了老鹰基金。

小鹰在创投圈称得上“独树一帜”，作为一家上市公司创始人和董事长，他本来已经财富自由，却选择了这条漫长的天使投资道路。我们都有一些与众不同的风格或标签，英诺一直把“天使”这两个字嵌在机构的品牌上，坚持作为创业项目的第一轮或第二轮天使投资人，我们的愿景是“投资创新、成人达己”，意为投资于有创新的事情，先成就创业者和合作伙伴，再成就自己。作为天使投资行业的同路人，老鹰基金的愿景是“用30年时间投资1 000个创业项目”。这句话其实有很多学问。

首先，做一家天使投资机构，必不可少的是耐力，重要的是出业绩。创业往往要十年磨一剑，相对应的，天使投资是一项投资创新创业的事业，如果投资人没有时间和耐力，很难打造出一家具有优秀业绩和深远影响力的天使投资机构。早期投资需要长期耕耘，践行长期主义理念的人才能坚持下来。

其次，美国的行业统计数据告诉我们，当天使投资人投资的企业数量超过100家时，平均年化回报率才会超过25%。到现在，英诺累计投资了500家创业企业，老鹰基金累计投资了300多家企业，同时，均通过出资和管理人参股间接投资了上千家创业公司，而这也几乎成了一种行业惯例。换句话说，一个天使投资人在投资上百个项目之后，才会对投资的本质、风险与方法有切身的体会。

小鹰在这本《天使投资科学实战课》中，将他从成百上千个项目投资中积累下来的科学认知和方法论毫无保留地分享给大家，这样并不厚重的一本书，包含的是价值数亿元的经验分享。

天使投资行业在过去的10年间发生了很大的变化：第一，原来投资方向主要以互联网科技、媒体、通信行业为主，现在基本变成以科技行业为主。由于投资方向变化，对天使投资人的要求也发生了改变——从重在看人、看团队，转为重在看趋势、看行业。第二，创业主体发生了变化，由原来“草根”创业，变为精英创业。很多创业者都是国内外名校毕业的博士，他们对于资金需求和行业痛点的把握相对比较精准。第三，企业融资要求也不同。原来的天使投资项目融资 300 万～ 400 万元，项目就可以持续发展达到一定阶段，之后再通过不断融资成熟化、规模化。但现在因多为精英创业，且项目市场空间比较大，估值都比较高，第一轮融资估值就要 2 亿～ 3 亿元，甚至 10 亿元。第四，投资人需要有非常强的学习能力，紧追行业的变化和发展。天使投资人需要不断跟进新的方向，比如当下大热的赛道：半导体、生命科技、新能源、人工智能等。

从以上几点变化可以看出，天使行业已经从个人走向机构化，对投资人能力的要求不断专业化。

作为行业从业者，经验告诉我们，如果没有正确的认知，不遵循或没有系统的、科学的天使投资法则，往往很难做好天使投资。所以我说，小鹰的《天使投资科学实战课》写得恰逢其时。

我喜欢书中第二章讲到的天使投资的误区与陷阱、认知与事实，以及主要的风险和投资争议这部分内容，这些都是我们多年来经历过或碰到过的问题。做天使投资十多年来，我们何尝不是犯了很多错误，踩了很多坑。我们共同投资了不少项目，有一些本来很看好的项目，创业者也很靠谱，我们投过天使轮之后又参与了第二轮、第三轮融资，但到最后因为各种原因还是失败了。

看赛道、看项目、看团队同样是天使投资中最关键的环节。在投资标准方面，首先，我们会考量项目团队，格外关注他们的分享精神和契约精神；其次，会考量项目团队找资源的能力；最后，会考量项目团队的学习能力。

此外，我们会考量项目的创新性、成长性、持续性。经过以上多个维度的考量和判断，最后满足投资要求的项目其实很少。当我们提高了项目投资标准，成功率也就提高了，就能够从不确定性中去找到确定性。在英诺天使基金的投资决策会（投决会）上，我们经常因为对项目有不同看法而争论。当然，我们也有共同的喜悦和高光时刻，比如，2019 年我们同轮投资了天兵科技的 PreA 轮，到 2023 年初，这家企业的估值已经达到上百亿元，并开创了全球民营航天企业液体火箭首发成功的先例。

佩服小鹰的活力和时间管理能力。管理一家天使投资机构不是一个简单的工作，每一只基金产品的募资、投资、投后管理、退出管理都很不容易，每天要看很多项目，见很多创业者，阅读很多行业研究报告、项目立项报告，主持内部立项会、投资决策会，还有投后的项目股东会、董事会，和出资人的常规见面沟通、汇报工作，事情多得目不暇接。但小鹰能够很从容，他经常出席行业峰会，还在给不同的天使投资学院讲课，现在仍有余力将他从一步步实践中总结出的天使投资科学方法写作成书，分享给更多的投资人和创业者。

从案例分析到具体操作步骤再到实用建议，小鹰将自己多年来的实践经验融入其中，向读者提供了从零到一成为优秀天使投资人的方法论。无论是天使投资初学者还是有一定经验的投资人，这本书都将成为他们不可或缺的参考工具。投资人可以更加理性地进行投资决策，降低投资风险，提高成功率。对于创业者来说，这本书也提供了宝贵的指导，帮助他们更好地理解天使投资人的心理和要求，增加与投资人的沟通和合作机会。

小鹰以其专业能力、时间管理能力和活力成为天使投资领域的典范。他的经验和智慧将为投资人和创业者开辟新的思路和机遇，推动整个天使投资生态系统发展和壮大。

更高效地
提高胜率、降低风险

天使投资就是创业投资。创业九死一生，天使投资知易行难，它可以让你血本无归，也可以让你获得百倍甚至千倍回报。天使投资可以拍脑袋做决定，也可以很科学——拍脑袋做决定的天使投资肯定会踩坑，科学的天使投资虽不一定会让你获得超额回报，但是肯定能帮你避险。

2014 年，我的一位企业家朋友，因听说一些获得百倍、千倍回报的天使投资案例，便从深圳来到北京，在几年时间里出资 2 000 多万元，投资了十几个项目，涵盖 O2O[1]、P2P[2] 及社交类项目，结果大部分的钱都打了水漂儿，只有一两个看不到什么前景的项目还活着，心灰意冷之下他只好转战区块链领域继续创业。这就是天使投资最残酷的现实。还有一位上市公司董事长，连续几年投了几亿元人民币，找了多个富有经验的创业团队，孵化了好几个移动互联网创业项目，涵盖手机浏览器、手游、阅读及电商类项目。他本人几乎是所有项目的绝对控股人或相对控股人，创业团队股权占比很小。虽然在这个过程中他所在的上市公司给项目导入了很多渠道资源和流量，但这些项目仍普遍发展不顺利——这几亿元投资几乎也是全打了水漂儿。

天使投资表面风光，是因为人们普遍爱面子，又比较善忘：投资人不太想提及投资失败的、亏损的项目，偶尔撞上一个好项目就沾沾自喜，到处分享成功案例。部分媒体的宣传也会给公众留下天使投资很赚钱，可以以小博大，动辄赚几亿元甚至几十亿元的印象——这些其实都不是天使投资的常态。鲸准数据显示，在科技、媒体和通信行业（technology, media, telecom, TMT），近 3 万家获得早期融资的项目中，只有 30% 融到下一轮，融资到 A 轮的项目较多，B 轮之后就只剩 20%，而且剩下的项目仅有相当小的概率可以最终退出，虽靠后期的项目能提高退出概率，但仍不足 6%。

美国有统计显示，如果一个人能长期做天使投资，每年持续投资一定数量的项目，投个十年八年，基本上年化回报率会超过巴菲特，达到 25% 以上。确实，行业一些专业的早期投资机构都能够做到年化回报率 30% 以上。2012 年，老鹰一期基金用自有资金进行投资，3 年时间累计斥资 1.2

---

① Online to Offline 的缩写，指将线下的商务机会与互联网结合，让互联网成为线下交易的平台。——编者注

② Peer to Peer 的缩写，指点对点的网络借贷，是一种将小额资金聚集起来借贷给有资金需求人群的网络小额借贷模式。——编者注

亿元，投资了近 60 个天使项目。10 年过去了，虽然投资的企业有一半失败了，但所幸还是留下了好几个独角兽企业，如影谱科技、趣拿网络、旗鱼操作系统等，整个基金的内部收益率（internal rate of return, IRR）可以超过 30%。

为什么在前面几个小故事中，天使投资人的业绩差距那么大？真实原因有很多，我会在本书中详细解读。天使投资是一个专业与科学并重的体力活，需要投资人有前瞻性的行业和技术预判能力，也需要有体系化的天使投资法则，还要有全面的项目投前、投中、投后管理流程。每个行业都要经历去弱留强的过程，早期投资看似容易，但要在海量的早期商业计划书（business plan，BP）里和茫茫人海中筛选出潜在的好项目，天使投资人除了要能够看懂新技术、新产品、新模式的未来市场潜力，也要对创业有深刻的理解，这样他才会有同理心，才能够判断和选对真正的创业者。比较理想的状态下，天使投资人还要有丰厚的产业背景，这样他才能在项目的产业化资源方面提早布局，深耕上下游，建立良好的生态关系，从而提高早期投资的成功率。

我是一个连续创业者，从入行到现在已经有 30 多年的创业和投资经验了。1988 年，我从香港中文大学毕业，后投身中国的通信事业，那时正赶上改革开放的第二个 10 年。工作 5 年之后我辞职创业，创业 6 年后便掌管一家港股主板上市公司。其间，我还陆续做过一些天使投资，以及产业并购和战略投资。2012 年，我二次创业，成立老鹰基金，第一期用的是自有资金，没有退出压力，遇到好项目时也没有基金到期需提前退出的问题。现在看，不提前退出这个做法是正确的——当时退或许能赚几倍的收益，但坚持到现在，有明星项目的话已经能赚几百倍了，不敢想象再过 5 年、10 年会有多少倍的收益。

多年来，我在创投圈比较活跃，互联网平台公司、投资机构的朋友也多，在不知不觉中竟也做出了一个小型的生态布局。老鹰基金除了自己发基金、投项目，还出资给多家早期机构做有限合伙人（limited partner, LP），即出资人。经过长年的经验积累、总结和对投资模型的打磨，我们逐渐建立了几套创业和天使投资的实战理论体系。

在创投圈，我看过不计其数的项目，也参与过众多投资圈协会组织，多年来兼任中国科技部火炬中心中国火炬创业导师，天使联合汇副主席，中国天使投资联席会常务理事，中关村股权投资协会副会长，中关村天使百人会人工智能投资委主任，中关村元和天使投资产业研究会副会长等职务。我曾多次给各大高校、投资人才培养机构和天使投资培训机构授课，先后担任中关村天使成长营副院长、中国好天使一期导师、正和岛天使培训导师、亚杰商会创业导师、香港中文大学创业导师等，为无数人分享创业和天使投资的理论和实战经验。

我是一个天生的创业者，而天使投资本质上正是创业投资。长期做天使投资，使我永远处于创业状态，永远能和年轻的创业者走在一起，越来越懂他们。我会不停地去投资那些年轻的创业者，帮助他们走向成功！

目 录

ANGEL INVESTING

第 2 部分 如来神掌 11 式，练就科学投资心法

第 3 部分 科学实战 6 步法，成为天使投资的制胜高手

ANGEL INVESTING

第 1 部分

一套科学体系，重新定义天使投资

ANGEL
INVESTING

第1章

5大维度，解码天使投资的科学基因

说起天使投资，就不得不提它的初始定义和演变的过程。“Angel Investment”（天使投资）一词源于 1978 年，最早由美国新罕布什尔大学商学院的威廉·韦策尔（Willian Wetzel）教授提出。他还提出了天使投资的“3F 法则”，即 Family（家庭）、Friends（朋友）、Fool（傻瓜）。2016 年我在给中关村天使成长营讲课的时候，为天使投资添加了新的注解，即“3H”（High，高）：高风险、高成长、高回报。

天使，在神话故事中是神的使者，它会带着使命去帮助有需要的人。你可以把天使投资想象成一位带着天使般情怀的投资者，他把钱投给朋友、朋友的朋友，甚至是刚认识的陌生人，为他们的创业项目注入第一笔资金。这个项目可能成功，也可能失败，但天使投资人往往出于信任而投资，他们心甘情愿地把钱给出去，当个小股东。天使投资本质上就是有风险的早期创业投资，因为有风险，所以投资人只能“插上翅膀”，抱着做天使的情怀进行投资，以此降低期望值，免除投资失败时的懊恼与后悔。

“天使投资”由两个词组成，“天使”一词自带情怀和奉献精神，“投资”则是一种商业行为，而商业的本质就是赚钱。所以，天使投资不是慈善捐赠，它需要找到一个盈利模式才可能持续下去。天使投资应该是一个艺术与科学并重的投资行为，没有科学的功底，就很难有艺术的升华。

天使投资的科学基因体现在以下几个维度。

思维，用多维、进化和长远的视角看项目

做早期投资除了要具备互联网知识、科技知识、风投经验之外，还一定要有科学的思维，包括复合思维、创业思维与蓝图思维这 3 个方面。早期项目都存在不同问题，而这些问题往往无法马上得到解决，有时投资人需要把自己抽离当前位置，带有创业同理心地从产业和更多维度去考虑。

- 复合思维

  复合思维要求投资人考虑包括机会、风险、技术、门槛、成本和资本等在内的综合要素。天使投资不仅意味着你要投出一笔钱当股东，还意味着要参与一个企业从 0 到 1 的经营过程；这是一门复杂的学问。所谓公司开门 7 件事——租金、工资、水电物业、交通差旅、交际应酬、带宽服务器、广告营销，哪一件不需要资本的力量？一个新赛道的出现，就意味着一个新的增量市场出现，如果这个市场的技术门槛不高，就会吸引很多同类型的创业项目。这时，资本的力量就显得举足轻重了。领跑者一定会快速融资、迅速扩大规模，以此来叠高商业壁垒。

- 创业思维

  天使投资就是创业投资，没有创业思维的人也很难有同理心。创业过程变化太大，不能用纯金融的思维来理解天使投资。创业其实是一个不断迭代和进化技术、产品、模式，甚至团队本身的过程。天使机构的投资经理如果创业经验不够，可以多参与项目现场尽调、投后管理、公司例会，定期拜访被投企业，时常走访市场和客户，在实践中创业思维自然会慢慢提升。

- 蓝图思维

  蓝图思维要求天使投资人尽量用长远的思维来考虑问题，而不能只看项目的现状。因为天使项目几乎没有什么数据作为判断依据，所以投资人需要运用想象力和对科技发展趋势的认知来帮自己看得足够远，就像架起一副能够穿越时空的望远镜，以便看到项目几年以后的场景。后文会讲到天、地、人三维度的“1234投资法则”，其中看赛道时的“看远不看近”和看模式时的“企业使命和目标”无不在强调蓝图思维的重要性。蓝图思维也体现在洞察和读懂长远规划上，比如政府对新基建、新能源、工业4.0、航空航天等新兴产业的长远布局。

研究，从行业、技术和政策维度做分析

好的研究一定是有方法、有系统和有价值的，不要以为只有做私募股权投资（private equity，PE）、二级市场投资时才需要做分析和研究，其实早期投资的对象就是五六年后二级市场的热门板块。比如，现在股市大热的新能源汽车板块，2015 年时其实还并未出现，那时候人们可能还会笑话新能源汽车创业公司的投资人。当年几乎同步创业的蔚来汽车、小鹏汽车、理想汽车，现在已成为我们造车“新势力”的国产三大品牌（简称“蔚小理”），并且正在快速抢占燃油车的市场份额。所以天使

投资要基于科学的研究，没有科学的前瞻性研究，就肯定会错过“黑马”创业项目。

- 行业研究

  行业研究可以从几个方面入手。天使投资的“3H”定义告诉我们：不要投那些成熟的行业和平平无奇的创业生意。天使投资最重要的判断依据是：这个项目能否成长为一个独角兽企业或上市公司。因此，行业研究要围绕几个主要的新兴大行业、大赛道来做，如高科技和硬科技、互联网和物联网、消费升级和大健康等共同特点是“3 新”——新经济、新模式和新消费的新兴产业。所以一个“中心”（未来的独角兽上市公司）和两个“3”（“3H”和“3 新”）就是天使投资科学行业研究的基础。一级市场有很多机构会定期发表行业研究报告，比如清科集团、投中集团、36 氪等，最近还有一家叫作“企名片”的创业公司也开始专注一级市场的投融资数据分析。

- 技术研究

  技术研究可以从几个驱动因素来入手。新兴行业有 3 个必须搞懂的驱动因素，其中最重要的当然是技术驱动。未来 10 年有哪些发明和创造会改变世界，颠覆我们的工作和生活？人工智能、新能源汽车、机器人、自动驾驶、以增强现实 / 虚拟现实（AR/VR）技术为主的元宇宙、新材料、储能技术（太阳能、电池储能技术）、基因工程（基因检测、免疫治疗、癌症新药），当然还有 5G 和星链通信、航空航天、半导体技术……这些领域都值得我们花大量的时间和精力做研究。

- 政策研究

  政策研究对于我们把握市场而言特别重要。政府每隔 5 年就会出台国民经济和社会发展五年规划和纲要，研究这些规划能使我们更好地把握市场。比如，国家“十四五”规划包括：科技和创新；产业升级，主要发展方向有产业链和供应链现代化、战略性新兴产业、基础设施建设、数字经济；扩大内需，形成强大国内市场，畅通国内大循环，促进国内国际双循环；优先发展农业农村，全面推进乡村振兴。共 13 个重点方向。

论证，据市场、产品和模式避风险

早期项目因为有太多的不确定性，争议很大，每个人对此也都有自己的见解。这些见解其实都没有对错之分，因为这些判断都具有前瞻性。所以，做一些科学的论证很有必要，即便这个论证没有明确的结论，也至少让你往前走了一大步。科学的论证主要需要把握以下几个数据和重要维度。

- 市场的论证

  要关注市场容量。市场分存量市场和增量市场。存量市场一般已经被巨头占领，或者竞争已趋白热化，这使得后来者很难抢到足够份额；增量市场则往往深不见底，投资人都要用上述蓝图思维去想象，还要做一些数据和财务模型去推演和仔细论证。不管是存量还是增量市场，拿互联网和消费市场举例，因为其全国市场体量太大，所以我们要以千亿元市场的容量作为判断准则，按照头部企业 10% 的市场份额来计算：没有千亿元市场规模，你再怎么努力也成不了市值百亿元的独角兽。如果能在万亿元市场里成为龙头企业，那这个项目就有希望成为市值千亿元级别的超级独角兽。如果这个项目属于软件或半导体行业，那么它就具有高市盈率属性，只要它的技术门槛足够高，就能扩大收入规模，在百亿元市场中做出一家拥有百亿元市值的细分行业龙头企业。

- 产品的论证

  每个创业公司都必须有自己原创的、独特的产品，可以先做单品，再扩大产品线。在做产品的科学论证时多问自己这些问题：产品开发之前是否做过足够的市场调研？目标用户基数够不够？产品能否解决用户的痛点问题？用户痛点有多痛，能不能转化为购买需求？这个购买需求的消费频次有多高？最理想的情况是在一个巨大的市场找到一个空白点，让产品一击即中。我曾投资过一家国潮饮品连锁店，它主打日咖夜酒（“早 C 晚 A”）的商业模式，就是因为我看中了饮品这个细分市场是每一个人的刚性需求，而且消费频次足够高，只要有好的位置，控制好经营成本，项目成功的机会就很大。

- 模式的论证

  一个好的项目，除了要有足够大的市场、好的产品，还要能为用户创造价值；有了价值就能形成一个商业闭环，最终建立一个盈利模式。我们主要从这几个方面来论证一个商业模式：用户、活跃度、转化率等数据。 业务逻辑，通常分为面向企业（2B）、面向消费者（2C）、面向政府（2G），以及专门迎合风险投资（venture capital，VC）机构的投资喜好而设立（2VC）的商业模式；交易模式，即谁买单，分为商业模式和盈利模式两个部分，这也是决定一家创业公司能否持续存活的重要因素。我们投资过一个基因检测项目，那个项目的创业者不懂商业模式和盈利模式，他想当然地将实验室、科研所的那套逻辑硬生生搬到企业里，从三甲医院、科研所那里接课题和项目，从政府那里拿研究经费，完全没有考虑市场化产品，使项目失去了持续变现和扩大规模的可能。无视我们的建议和提醒的创始人，最终自然是失败了。

决策，用机构化的科学流程确保专业性

“个人、业余的天使投资”和“专业、机构的天使投资”最大的区别在于决策过程。前者主要是靠经验、凭感觉决策，有时再加一点冲动，他们会轻易相信朋友和人情的力量；专业的天使投资应该有一个接近机构化投资的投资决策过程。哪怕是一个人就能进行的决策，我也建议投资经理、财务总监、法务顾问分别提交投资建议书、财务尽调报告、法务尽调报告，同时，还应对接触时间不长的创业者做一份创始人的征信调查。这些报告都是科学决策最基本的参考文件。

- 尽职调查（duel diligence, DD）

在风险投资和 PE 行业，一个专业科学的投资过程包括以下 10 个阶段：

1. 建立项目库；
2. 初步访谈；
3. 项目立项；
4. 项目尽调；
5. 提交投资建议书；
6. 项目投决；
7. 签订投资协议；
8. 打款；
9. 工商变更；
10. 进入投后。

天使投资因为投资阶段早、项目数据少、投资金额小，所以拥有大大简化的投资流程。有些投资人甚至会给只见过一次面的创业者打款——这种投资人就属于天使投资“3F 法则”中的 Fool，他经手的项目当然失败的居多。

天使投资的尽职调查至少应包括技术、产品、业务模式、团队、财务、法务、合作方等 7 个维度。个人想进行天使投资时，可以委托专业投资人和律师做必要的尽职调查。

- 投资协议

  天使阶段投资协议的条款，会根据圈子的不同而有很大的差异。有些天使投资机构会把投资协议简化成一页纸，有些机构的协议则比 VC 机构的协议更复杂。这没有对错，适合自身需要即可。天使和 VC 投资每一轮股权占比都在 5% ～ 20%，小股东的一大关注重点便是如何有效保障投资人应有的权利。

- 退出机制

  很多天使投资人不太了解退出机制，他们会认为这是未来才需要考虑的事情，不用急于一时。其实，科学的天使投资决策应包含多样化的退出机制。常规的退出机制包括安排回购权、随售权、隔轮退本金等。如果项目确实好，投资人可在下一轮融资时继续持投，也可以行使股东反稀释权和优先权加仓投资。加仓投资在更确定的项目上，会使得风险更低。很多天使投资人就在这里走过一些弯路，没有把握住信息不对称和优先投资的机会。

投后，有策略、有系统、有针对性地做好管理

投后管理在天使投资阶段非常重要，有效的投后管理能够让你的投资项目组合降低至少 20% 的失败率。那么，什么是科学的投后管理呢？答：有策略、有系统、有针对性地去了解被投企业的实际情况，设定阶段性的投后管理进度表，按部就班实施并定期复盘。

科学的投后要做到以下 3 个方面。

- 对数字敏感

　　很多天使投资人只管投钱，不管创业者拿钱是去买车了，还是挪去做别的生意了。投资人不去验证产品和模式的话，项目很难逃脱失败的命运。天使投资人应该从一开始就立好规矩，定期到项目方去座谈考察，看看财报、数据，给创始人一种无形的压力，使他不敢轻举妄动。

- 提前对接到产业

　　早期项目要想成功，或者尽早拿到下一轮融资，就要及早对接产业资源。帮助项目方对接上市公司、大平台、行业大咖是对项目方在投后阶段的最好帮助。提前进入产业会使创始人加快前进的步伐，拿到产业客户的订单有助于提升项目估值，这样，项目就有可能更早拿到融资。业务起来了、估值上去了，股权就更值钱了。

- 主抓人才服务

　　要想早期项目跑得快，就要尽快完备创业团队，聚集优秀人才。帮助项目方寻找更多的合伙人、高管和核心团队成员，才能加快产品的研发速度。年轻的创业者往往空有好的创意和产品，但没有足够的人脉资源。帮助他们找到不同年龄段的合伙人，才能在研发、运营、市场、管理各方面为公司带来加速效应，改善公司的综合基本面。这样，这个项目自然能获得更多投资人的青睐，也能够获得更多的融资。

ANGEL INVESTING

第2章

3层进阶，科学认识天使投资的本质与风险

做天使投资这些年，我碰到很多企业家刚转型做投资，也认识了很多业余做天使投资的朋友，了解到他们在不同程度上都遇到了很多问题，犯了很多不应该犯的错误，导致项目投资失败，而且最关键的是他们往往都不知道问题出在哪里。其实天使投资陷阱很多，不是一般人想象的那样简单。早期投资估值低，未来的估值倍数和收益会很高，但恰恰因为早期项目数据太少，不确定性因素太多，没有人愿意投资。估值低一定有低的道理，不能贪便宜，也不能拍脑袋。在这一章，我们分 3 个部分给大家介绍天使投资常见的误区和陷阱，天使投资的认知与事实,还有天使投资的主要风险和投资争议。希望对读者中做天使投资的朋友有所帮助，不要因有误解而掉进投资陷阱，不要因为认知不足罔顾天使投资的现实困难，也不要因为对天使投资的风险理解不够而踩雷。

了解 6 大常见陷阱，少失败就等于多成功

2013 年手游创业项目比较热门，我就投资了几家战争类、策略类、格斗类、赛车类的手游创业公司，以及手游发行商。当时我结识了两位创业者，一位是做研发的，另一位是做发行的。他们在游戏行业都是资深人士，而且明确表示愿意跟着我干。我把他们两个人的项目合并为一个项目，自己做了大股东。用完第一笔投资款后，产品还没出来，我不得已又追加了投资，因为这种股权结构很难拿到新的投资。随着人员的增加，公司又出现了内耗的情况，外行的我对此无能为力，最后只好清盘认输。复盘下来，我认为如果当时的策略是投资两家单独的公司，那至少能做起来一家——这是用大几百万元买来的教训。很多老板做天使投资时也犯过这样的错误。其实早期创业公司的未来主要靠创始人的智慧和努力，而投资人控股之后，创始人的心态可能就变了，他会认为这个公司不再属于自己。创始人一旦有了“打工”心态，就不会没日没夜地为这个公司打拼了——这便是我曾误入的一大投资陷阱。总结来说，在天使投资中，人们容易误入以下 6 个陷阱。

第一个陷阱，友情投资

很多人只投熟人，但这种做法不完全正确。投资给熟人只解决了信任的问题，但天使投资“3F 法则”中除了前两个 F，还有第三个 F，指项目失败时投资人变成“傻瓜”。换句话说，无论投资给谁都会有失败的风险。一个真诚的创业者不一定就能成大事，一个人的朋友圈也不可能出现很多的卓越创业者。我在 2014 年投资了一个基于活动社交的项目，创始人是我的好朋友，我们经常一起骑行。他人品很好，决心也很大。当时创始人自己就投了 2 000 多万元，我们还在京东众筹做了领投和背书。4 年后，

项目现金流断裂，融资失败，最后以倒闭收场。项目失败原因有很多，比如创始人年纪太大、主观意识太强、没有放手让年轻人主导项目等。这些问题得不到解决的话，不管追加多少投资都无济于事。

第二个陷阱，人“傻”钱多随意跟投

很多老板喜欢拍脑袋做决定，但天使投资最忌一时冲动、盲目听信权威或者大佬投资人的背书。自己不做功课、不对项目和创始人做详细的尽调和恳谈便去投资，就跟听消息、听股票代码炒股没什么两样，都无法控制风险。我在 2013 年碰到一个医疗健康方面的移动互联网项目，当时其实是不太看好这个项目的，但当我知道某知名大机构在走最后的流程，准备给这个项目投资 1 000 万美元时，便抓住了这个可以提前以“优惠”价格进入的机会，顺势投资了 100 万美元。我以为捡了个便宜，却没想到这个项目在烧完所有投资款后，也没有跑通商业模式。后来我才知道这个知名大机构的合伙人和项目创始人是老同学——又一个熟人踩坑的故事。

第三个陷阱，经验主义

很多企业家或高管出身的天使投资人认为自己无所不知。我们不能否认企业家在创业或做生意时所积累的经验，但他们通常会缺乏与时俱进的认知，看不见一些颠覆性新项目的潜在价值，进而错失良机。高管出身的投资人在产品或创新方面则很有话语权，但他们会因缺乏创业的一手经验而缺乏一些同理心，不可避免地在一些关键问题上和项目方闹矛盾。这些投资人往往也是专家型人才，这个特点使他们有一定的思维局限性——他们往往会站在自己的角度去看一个项目，而不是把自己抽离，站在用户或创业者的角度去考虑。2017 年我在研究投资共享充电宝项目时，就遇见了一位完全没有共享充电宝需求的合伙人，因为他平时都带着充电宝和电源线出门，随时可以充电。他从未想过有多少嫌充电宝太重带着不方便的人，或者经常忘记给充电宝充电的人需要共享充电宝。共享充电宝最大的好处是可以让人抱着手机在外边充电边刷微信、抖音，缓解人们因手机电量低而产生的焦虑。另一位合伙人则说他投资了石墨烯电池项目。石墨烯电池不仅很耐用，而且充电速度快，他也因此相信手机厂商在不久的将来会用石墨烯电池代替锂电池。我们做了大量的行业调研后发现，石墨烯电池还需要很长一段路才能降低成本，实现量产。好几年过去了，石墨烯电池的产业化仍然在遥远的路上。相信通过这两个例子你一定能领悟到，经验主义要不得，严谨的行业调研才可信。

第四个陷阱，投机心态

投资的目的是赚钱，这让很多人以为天使投资是暴利行业，动辄就能赚到本金的几十倍、几百倍。不少人刚入行时无论看见什么项目都觉得好，就完全不问估值或通过抬高估值来抢项目。几年前有一个投资机构募集了一大笔天使基金投项目，其中就有一个做上门美容的 O2O 项目。这个项目的创始人跟我说那个投资机构给他涨了两倍的估值，并已经提供了投资意向书（term sheet，TS），准备签协议了。我当时除了祝贺，别的什么也没说，什么也没做。一年之后 O2O 项目黄了一大片，那个项目也不见了踪影。其实天使投资就是用时间换空间的投资行为，投资者需要有足够的耐心才能赚大钱。最早投资泡泡玛特项目并一炮而红、大赚千倍的天使投资人麦刚说过一句话："10 年陪伴，静待花开。"他还说："天使投资是比笨，不是比聪明。"曾经有一位潜在有限合伙人问过我："为什么你天使投资后两三年都没有退出项目？正常来讲不是应该第二轮就退，变现获利后继续滚动以获得流动资金吗？"听起来好像有点道理，但这其实是有问题的。项目能拿到下一轮融资，就证明它得到了新的投资机构认可，拿到新钱后它就能加快发展速度。按照每轮翻倍来计算，项目融资 3 轮之后，本金就有接近 10 倍的升值，这个时候减持部分股份回报相对合理。但一个天使项目一旦到了并购或上市阶段，动辄就可能带来几十倍、上百倍的回报，提前一轮就退出的人会不会肠子都悔青了呢？

第五个陷阱，估值的盲区

精明的天使投资人一般会把项目估值砍到最低，把天使轮谈成种子轮，把种子轮谈成注册轮。这种行为从做生意和投资回报率的角度看好像是对的，却忽略了一个问题：创业项目往往需要和时间赛跑，每一个创新性项目同时都可能有好多家创业公司在同时起步，项目方钱拿的不够，就没办法快速扩大团队，加快产品研发和投放市场的速度。上述投资人只考虑估值低可以少投钱多占股，却没想到钱少了团队可能扛不到下一轮项目就“挂”了，而且同样的钱，估值太低会稀释团队太多股份，对下一轮融资也不利。不过，估值过高也不好。从团队融资的角度看估值，当然是越高越好，但估值太高的话，反而会把自己“架”上去，在数据和业绩不匹配时，下一轮融资就会陷入尴尬的局面，变得高不成低不就，一直拿不到钱，这样也会使项目失败。到那时，如果要降低估值，就需要给上一轮投资人补对价和股份——结果还是同前。所以，合理估值至关重要。

第六个陷阱，老板过强的控制欲

有些老板出身的天使投资人其实是“假天使”，他们习惯了被称呼为老板，习惯了“我是大股东、董事长”“我出了钱就是企业的股东，不管占股多少，创业者都得听我的”。这些“假天使”控制欲比较强，很难真正地信任创业者，总是担心他们年轻、经验不够，或者会不会拿了钱就跑路，所以他们会要求控股，审核所有费用支出。新手创业者往往因为融资经验不足就答应了“假天使”的所有要求，而这无可避免地产生很多问题：因为股权结构决定了决策机制，创业者在股东会和董事会上都很难拥有作为公司创始人应有的话语权，当出现理念不一致的情况时，创业者也就无法推进自己的想法。如创始团队股份太少且拿不到下一轮投资，一旦公司用完了钱而大股东不愿意继续“输血”，项目就黄了。我对此只有一个建议：创业者需要花大量的口舌和“假天使”说明调整股份的利害关系。不过，这大概率是谈不拢的，因为创业者一般身处劣势且不会谈判，经常就不了了之，就算好不容易谈好了，也会错过融资的最佳时间。在前文提到的手游投资失败案例中，我就是掉进了占股过高的大坑。

谨记 5 条重要事实，
回归天使投资的超长期主义

天使投资中，除要规避 6 大陷阱之外，投资人还要了解这以下 5 条重要事实，这些也是我持续提醒自己的事项。

事实 1，天使投资是周期长且很难退出的股权投资

天使基金一般所需的持有周期很长，有些项目要 10 年以上才能看到结果，但好处是回报相对高。蜜雪冰城创始人张红超在 20 多年前创业时，曾找自己的奶奶借了 3 000 元在郑州摆地摊卖刨冰，此后才逐步建立起蜜雪冰城低价、高性价比的饮品连锁商业模式。经过多次迭代，他现在已经有 2 万家门店，共估值 200 多亿元。如果当年有天使投资人投资蜜雪冰城，哪怕按照 500 万元估值来计算，理论上到现在也能有几千倍的回报了。但如果只买只 8 年期的基金，那怎么延长周期也等不到项目上市的日子，也许只赚个十几倍就早早卖掉股份了。

我们还投资过一个汽车整车设计项目。该公司于2003年注册，多年来坚持做一件事：在汽车研发和设计方面下功夫，一步一个脚印。2014年，它在新三板挂牌后，赶上了新能源汽车的发展契机，便借助我国新能源汽车品牌的崛起风潮得到了新的发展。这个公司近两年业绩突飞猛进，正准备申报科创板上市。当然，这种对科技和工业类项目的投资和对互联网模式的投资有很大不同：公司有利润，可以给股东分红。做天使投资的投资人要根据不同的赛道和模式分别思考投资和退出逻辑。

长周期意味着，天使投资后你的现金流会在相当长一段时间里受到影响。如果你想保证一定的现金流，就要考虑科学的退出机制了。如何科学地退出呢？常见的做法是隔轮退出部分股份，即在项目第二轮融资时把本金和部分利息收回来，或者是在后面的轮次中每轮都退出一部分的股份。另外，行业里也开始出现一些S基金（secondary fund），即在基金封闭期内购买想提前退出的有限合伙人份额，它可解决有限合伙人流动性问题。2021年，中国证券监督管理委员会（以下简称“证监会”）先后批准在北京和上海分别成立私募股权S基金和份额转让试点市场，此举能够促进早期股权投资和私募基金份额的流通交易和退出。

事实2，大家都看好的项目未必真的好

早期项目不确定因素太多，大家都看好的项目本质上就是当下比较热门的创业风口。在过去的10年里，有太多热门创业风口的项目接连失败。比如在早期的团购、社交、手游、P2P、O2O、AR、VR领域，近些年的K12教育、自媒体、网红直播等领域，都有不少项目备受期待但最终草草收场，不少企业经不起时间的考验。在移动互联网早期的创业浪潮中，曾经出现“千团大战”，全国各地兴起了团购网创业热潮，最多的时候有5 000个团购网站。投资人争先恐后地投资团购网站，拉手、美团、窝窝团、

24 卷、满座团等国内比较知名的团购网站也进行了一轮又一轮的融资比赛，广告战、拉锯战、阵地战等铺天盖地的广告融入民众的日常生活。按照现在的话就是“内卷得太厉害”，大家“烧钱”获客，到最后一地鸡毛，就剩下寥寥几家。即便是由美国的团购巨头 Groupon 和腾讯合资的高朋网，也逃不出退出中国市场的命运。

小米的创始人雷军有一句名言：“在风口上，猪都能飞起来。”其实，这句话还有后半句：“风口过后，很多猪会摔得半死。”我坚信，当所有人都知道某个风口项目时，这个项目已未必还值得投了。当年我在车上和司机聊共享单车估值的时候，他们比我知道得还详细。

你要永远记住：创业是一场马拉松，不是百米赛跑。不能盲目追逐风口项目，要回归商业本质，回归天使投资的超长期主义。

事实 3，大家都不看好的项目未必不好

绝大部分创业项目在早期都很难拿到融资，这不单单是因为投资人担心项目亏损没有收入，还因为他也看不清、没有信心，不知道项目什么时候会黄。这也是为什么给创业者投第一笔钱的人被称为“天使”。

每个成功的企业都有天使阶段，即使是超级独角兽企业。腾讯曾经报价 500 万元都没有人接手，阿里巴巴创始人马云早期更是经过无数次碰壁，我本人当时也不看好。说到阿里巴巴，不得不提我的师兄王干芝。1998 年，马云刚注册完 alibaba.com 的域名，他穿着一件白色衬衫，在上海找到了我师兄。师兄听完之后就投资了 50 万美元，成为马云的第一位天使投资人。后来，师兄帮马云介绍了很多投资人，还带他到香港地区见房地产“四大家族”，但都没有人看好这个项目。大家都不看好的创业者或项目不一定

不好，项目的成功需要天时、地利、人和的匹配。这就是天使投资辩证法的魅力所在。

京东创始人刘强东曾在2005年和安彩集团签下500万元的投资协议，但到账 150 万元，“跳票”350 万元。2006 年，汉能投资集团也放弃了向其投资 100 万美元的计划。但安彩集团最后成了一个几千亿元级别的超级独角兽。所以，做天使投资要有逆向思维，大家都不看好的项目反而值得认真看看，研究一下其行业前景和亮点，万一它就是下一个“腾讯”呢？“人弃我取，人取我予”也是投资界比较经典的理论，值得我们细细品味。

事实 4，可能永远不会遇上传说中的千倍回报项目

千倍回报的项目非常罕见，但也不是没有，甚至出现过好几个万倍回报的天使项目。比如 1998 年，还在斯坦福大学上学的两位谷歌创始人拉里·佩奇（Larry Page）和谢尔盖·布林（Sergey Brin）找到了斯坦福大学的戴维·切瑞顿（David Cheriton）教授，这位教授在对方还没给银行账户的情况下，就开出了一张 10 万美元的支票，成为谷歌第一位天使投资人。谷歌上市时戴维的回报已经是本金的几千倍，如果他能持有部分股票到现在，肯定能收获几万倍的回报。由此可知，天使投资的机会随时会出现在你眼前。

当然，如果你投资的项目数量很少，或者投一会儿停一会儿，不能专心且持之以恒地做天使投资，你可能永远碰不上千倍回报的项目。只要你能坚持做下去，就算碰不上千倍回报，也还是会有机会拿下几百倍回报的项目。从行业的成功案例看，天使投资千倍、万倍回报都不是传说，美国的 Facebook、谷歌属于万倍回报项目，Zoom、Snowflake 属于千倍回报项目，中国的海康威视、滴滴、快手等也都是几千倍回报的项目。

投资时不要把回报数看得太重，只要长期坚持、科学投资，迟早会遇到高倍数回报的项目。

事实 5，创业者描述的美好蓝图可能永远不会实现

做天使投资要有一个心理准备，创业者的商业计划书所写的内容和前景，两年后往往会变得面目全非。

我曾被一位创业者的执着邀请感动，试着投资了一个活动社交项目。创业者给我描绘出一幅基于兴趣社交、活动社而建立的新型电商场景。后来我们才发现这个场景不存在，不管他再怎么努力，参与活动的人也只是为了交友和消耗时间，很难被说服去购买产品。我还见过一个共享会员模式的本地生活平台项目，创业者希望商家能激活会员，把自己的客户信息拿出来共享给平台和其他业态的商户，以获取额外收益，从而实现平台用户数量的裂变，比如餐饮的用户倒流给美容美发行业。这个想法虽然好，但忽视了会员本身就是商户的命根子这个事实。商家的会员都是他们是花了大钱从美团、大众点评、饿了么等平台获得的，也是他们日积月累积攒下来的，在没有承诺和看到实际效果的情况下，他们很难把会员名单共享出来。所以，当你认定这个项目所描绘的蓝图很难实现的时候，就不要被其他的条件影响，比如估值很低、保本承诺、政府的利好政策等次要因素，最关键的因素还是项目的商业本质及实现率。

创业项目每天都在动态中求生存、求发展。俗话说“穷则变、变则通”，理想碰壁时，有能够紧急刹车或转弯的余地其实是好事。如果你碰上一个描述着永远不会出现的美好蓝图的商业计划书，听信了很会讲故事的创业者的话，就等着认输吧。

规避 5 点风险与争议，跑赢投资马拉松

了解了天使投资的几个陷阱和事实后，相信你对天使投资的难度也有了一定的了解。但只知道这些还不够，在这里我要把自己多年所经历和了解的、关于天使投资的风险性和创投行业内的一些争议案例分享出来。

曾经有位创业者感慨地跟我说：“现在天使好像很多，但是真天使好像又很少。”我问他这话怎么讲，他回答说：“我和很多天使投资机构有过接触，发现他们对项目的模式验证和数据都有很高的要求，一定要确认项目确实靠谱之后才愿意给投资意向书，而且还会往下压估值，我感觉这些天使都是在用 VC 的方式在做投资，所以他们不是真天使。”我告诉他，事实不是这样的。

有些天使投资人做了一段时间什么都没投就离场了；有些投了几个砸在手里的项目；还有些越投越多成为大股东，最后自己上阵干了一段时间，也不见项目有所起色，只好忍痛清盘。这些天使投资人都没有做好天使投资的相关功课，最后只能通过实战交了学费。

现在创业门槛降低，营销和发行渠道扁平化，社交网络和自媒体加速了产品、服务和信息的传播，项目来源多了，天使机构化、专业化加速，投资人也越来越多。这个热潮到底能持续多久？ 2012 年开始做天使投资并坚持到现在的人已寥寥无几。慢慢地我总结出一个道理：不管是创业还是投资，都不是百米冲刺，而是一场马拉松，投资创业公司的本质就是陪他们一同成长，没有 5 ～ 7 年是看不见真正的成果的。

天使投资的风险和争议太多，以下 5 点是你需要注意的。

天使投资的每一个项目都可能血本无归

真格基金创始人徐小平老师是我的好朋友，他说过一句话：“做天使投资要先把这笔钱从资产负债表清零，等到有回报时再做回拨。”一位“老天使”也说过，他甚至会忘记投过的项目，当有项目能让他获得回报时，他就会格外高兴。就我自己来讲，从开始做天使投资的那一天开始，我就已经有心理准备：不去纠结失败的项目，要去冷静地复盘、找出失败原因，力求从失败案例中得到经验。我的理论、总结和投资法则就是这样花钱买来的、真刀真枪干出来的。有人说这是天使投资的最高境界，其实不然，天使“老司机”都非常清楚天使投资的本质和风险，也因此才会有最坏的心理准备。

可能你会问：“辛苦挣来的钱，为什么要做一些极有可能血本无归的投资？去买房子收租不好吗？或者投几个准上市公司的明星项目，做一些知名投资机构的有限合伙人不好吗？这些基本都是稳赚不赔的买卖。”做天使投资当然不是“明知山有虎，偏向虎山行”。真正的天使投资人其实都很自信，他们知道每个项目都有可能失败，使自己血本无归，但他们也知道只要能科学地投资，投资未来的赛道、合理的组合，在持有股份足够久的情况下，天使投资反而是风险最低、回报最高的股权投资领域。所以，专业投资人不仅敢拿自己的钱做天使投资，还敢于管理投资人的钱，有充足的把握帮他们赚到满意的回报。

不能因为机构决策而失去天使投资的初心和效率

很多人都说，天使投资不适合机构化，因为机构流程复杂，决策周期过长，天使项目往往等不起，而且个人天使决策快。早期投资机构化的挑战确实很大，许多 VC 机构都不投天使：一是因为基金盘子大，投天使项目的话金额会太大；二是因为投天使和 VC 的逻辑完全不一样；三是因为天使项目爬坡期长、退出周期也长。所以，天使投资这个板块基本属于个人或早期投资机构。做天使投资，我一直有个坚持：不能因为机构决策而失去了天使投资的初心和效率，应实时优化投审机制。

作为创始人和过来人，我认为天使投资人有时候就像老中医，“望闻问切”“把脉断症”后，才可开出药方。我看完项目和商业计划书之后会将“三维度 1234 法则 + 投资纪律六必须 + 十不投”在脑海里过一遍。有的项目会让我眼睛发亮，而这些项目之后的尽调也基本印证了我当初的判断。像旗鱼操作系统、史河科技、杰外动漫、亿幕、煲仔皇、荷马金融、来跑吧等，我从一开始就对它们有感觉。当然，我的团队也提前做了大量的工作，从机构的角度来说，必须走完整个尽调和过会流程后方可决策，以避免个人决策的偏差和失误。

天使投资的每一个项目都可能有争议

我们作为一家天使投资机构，经常会和合伙人在投审会上出现对拟投企业的不一致看法，还会为了项目争得面红耳赤。这是因为早期投资需要考虑的因素太多，而且都是看不见的或者还未发生的。2016 年我们要投资一个美妆电商品牌，创始人曾属于美奇网的核心创始团队，项目失败后，他做起了电商代运营，赚钱还债之后做了这个美妆品牌，几乎和完美日记同期起步。我们有一位以前做过化妆品的合伙人，他非常清楚做美妆品牌的不易，并表示了反对。我认为凡事应该独立来看，时代不同了，能否做成还是要看创业者的综合经验和素质。收到我们的投资后，项目方很快就把产品推出市场，而后获得京东旗下投资基金的下一轮投资，其产品在天猫和京东的数据都不错。之后该项目又获得小米生态链一家投资机构的认可，产品很快就要在小米有品上线。这个项目可以说占尽天时地利，可是创始人和投资方产生了争议，最后没有拿到新的融资，项目也因资金跟不上出现了困难。这就是早期投资的争议性，没有对错，因为早期投资的变数太大。

实践证明，天使投资不适合完全机构化的运作，它适合半机构化的运作，因为半机构化运作有着机构投资的流程和严谨，同时还能体现创业型投资决策的直觉和感性。早期项目都有各自的缺陷，并不完美，在一定的行业研究的基础上，趋势正确、模式听起来能成立，再加上人看对眼了，基本就可以立项甚至决策。

创业者也许是个骗子，上当受骗要自己认栽

为什么很多天使投资人只敢投熟人和朋友？因为陌生的创业者道德风险太高。创业者中有没有骗子呢？很少。投资一个项目前如果有成熟的项目入库、立项、尽调、过会流程，你就会在立项之前筛掉骗子。只有一些拍脑袋投资的个人天使会上当受骗。当然，如果投资机构里有坏人，两者里外勾结骗取投资款，那就另当别论了。一个有经验、有名校和专业学科光环、有优秀行业背景的团队，即使有尽调，也是很难被看出来是不是骗子的。

我们就有过投骗子的经历。他们是一个早期做机器人的团队，两位创业者各自开公司拿了融资，然后又一起合作做了一个新的创业项目。两个人都有着顶尖名校背景，一个专业营销，一个技术“大牛”，可谓“天作之合”。没想到收到我们投资一年后，他们就把钱烧完了，而后就静悄悄地分开，各自又开始做了新项目，甚至还都拿到了大机构的融资。我们直到看到媒体的报道才了解情况。经过几轮追讨，我们才得到了应有的权益补偿。所以，做天使投资也需要有严谨的投资协议和保护性条款，而这些

协议条款其实都是防小人不防君子的。条款会在后文的“如来神掌心法”里有所提及。

创业者也许不是骗子，但他的项目依然会失败

失败是创业的常态，也是天使投资的常态。所有的创业者在谈融资时，都会想尽一切办法去研究和学习如何有效获得融资，包括美化商业计划书、优化商业模式的呈现形式、学习如何把幻灯片讲得更动听，还包括学习一些必要的销售技巧，比如如何与投资人打交道，如何找熟人背书、请客等。

一位投过陌陌的著名天使投资人跟我说过，他有个心软的弱点。如果是熟人介绍的创业者，他多见几次便会觉得不好意思，然后就多少会投资一点。他因拉不下脸投过好几个失败的项目。后来，他虽然意识到了这个问题，却很难改掉心软的毛病。吃人的嘴短，拿人的手软。经常有一些投资人因几千块钱的礼品投资了几百万元的资金，这些钱拿来买这个创业项目的产品，可以用一辈子了。

收到创业者的小礼物很正常，但是行业合规合法的底线是不能破的。在我们机构，只要发现私下做财务顾问（financial advisor，FA）、拿回扣、拿干股这种事情，肯定从严处理。

我的投资
随想

老鹰十不投

在这个专栏，我准备跟你分享本书最有价值的内容之一——“老鹰十不投”的原则。这里每一个不投的理由都是用钱买回来的教训，有的教训价值甚至超过千万元。

“老鹰十不投”已经成为我们内部的投资纪律，背后有很多理由和逻辑，每次投资时团队都要严格遵守这些纪律。

第一，做一盘生意而不能做大的项目不投

做不大等于无法上市，也不会有机构继续接盘。如何快速判断创业项目最终能做多大是投资时面临的最难的问题，我将在第 8 章的“看模式 1234 法则”中介绍如何统计和分析行业蛋糕、细分市场蛋糕和项目小蛋糕。这里要讨论的是，为什么有些项目明明是一个好的生意，却不能继续做大。

中国有 14 亿人，每一笔生意，只要触达哪怕是 1 亿人的需求，都是笔很大的生意。我们可以从两个维度来考量。第一个维度是项目的商业模

式。比如，开个小超市、五金店、裁缝店、小餐厅、装修公司等，做这些零售和服务类生意，老板可能一开始就没有很大的抱负，他们的目标市场和客户几乎都在本地社区，老板每天起早贪黑、忙忙碌碌，做的就是一个买卖，几乎不可能有上升空间。第二个维度是创始人的格局。一个理想和格局足够大的创业者，就算是起步于一个不起眼的生意，他也不可能甘于平淡。蜜雪冰城的创始人 1997 年从郑州摆地摊卖刨冰起家，以实惠低价击穿“用户心智”，将产品价格控制在 10 元以下，从小城市到大城市，历经 20 多年，开出了 2 万多家直营和加盟店。他一个人硬是把一个生意做成了独角兽公司。

一个生意能做多大，首先可看创始人的野心和格局，剩下的就要交给时间了。你必须熬得住，10 年不够再来 10 年。海底捞张勇的成功经历也是一个经典案例，谁能想到一家普通的火锅店能做那么大呢?

第二，细分市场容量达不到 500 亿元的基本不投

没有 500 亿元、甚至上千亿元的市场规模，再怎么努力也做不成独角兽。你不用太担心存量市场或红海市场的市场容量。红海市场竞争激烈，市场足够大，但是留给创业公司的蛋糕和份额非常小——除非你的产品极具创新性，能够解决用户的特殊痛点问题，改变他们的消费习惯。

我们需要认真评估蓝海市场或增量市场，比如通过新的发明和专利创造出全新的产品，开辟一个新的赛道、新的市场。像新能源汽车行业，就因技术上的突破、政府的投入和政策的推动，大大拓宽了新的赛道，仅用两年就轻松超过了本来需要 5 年才能实现的电动车销量目标。

第三，不能成为细分市场前两名的项目不投

在互联网的竞争格局中，尤其是 2C 模式的项目，往往会面对赢者通吃的局面，第三名和前两名在市场份额和估值上的差距很大，几乎没有机会翻盘。

不过，这个要求在硬科技创业领域会有所放松。只要你有过硬的技术，能找到落地的应用场景，像机器人、人工智能、智能制造、物联网的细分赛道，都能存在多家独角兽企业和上市公司。“AI 四小龙”商汤科技、旷视科技、云从科技、依图科技中已经有 3 家获得首次公开募股（IPO）批准，商汤更是一枝独秀地在港股上市，最高市值突破 3 000 亿港元。但是，它的崛起并不影响其他几家继续往前追赶的速度。

在新消费赛道，不管是国潮品牌还是餐饮连锁，都不乏资本追捧不同的行业头部企业。投资细分领域的头部企业仍然是一个持续有效的投资策略，

第四，技术门槛或商业壁垒不够高的项目不投

门槛不高的项目容易有竞争者，你的项目可能很快就会被超越。第 8 章“看模式 1234 法则”的 3 大核心中会提到门槛与竞争核心，它们是构成创业公司核心竞争力的核心元素。

早期的科技类创业公司，如果有独特的技术和发明，或是有科研课题、学术论文等足以证明自己在某个细分领域占据技术论证优势的材料，再加上亮眼的背景，是比较容易拿到投资的。但是，技术人才创业又要回到他们的商业头脑的问题上。

早期的模式创新型企业，比如共享经济，基本没有什么商业壁垒，它们需要至少两三年时间去构建商业护城河，所以我们很难判断其商业壁垒够不够高。面对这类企业，我们只能看竞争对手的产品、对标企业的数据和竞争地位，如果该项目各项评估都过关，又有足够的先发优势，就可以考虑投资。

第五，重资产或资产利用效率低下的项目不投

重资产企业发展速度慢，报表也不好看，很难吸引资本市场买单。重资产项目，指的是资本性投入较大、回报周期较长的项目。创业公司本身钱就少，很难支撑这种项目，它必须通过重资产投资，提高自身的竞争门槛，才能让对手望而却步。在这个情况下，我们就要想办法通过不同的渠道来解决资本性开支问题。早期项目因股权融资拿到的钱有限，又不能稀释太多股份，所以经常要借助合作和渠道的资金，而这可以通过发展加盟商、城市合伙人、成立控股合资公司等方式实现。

我们有个袋掌门环保袋智能派发机器的项目，在全国铺设设备需要的资产很重，融资又不现实，于是项目创始人设计了一个双赢的商业模式：加盟商投资设备，袋掌门做流量经营。他们广开招商会，签约了全国 200 个加盟商，覆盖了近 400 个城市，很快就成为行业第一名。所以，碰见重资产企业，要重新思考商业逻辑，设计新的商业闭环，缩短投资回报周期，提高资产利用率，这样就可以把“不可投”项目变成“可投”项目了。

第六，依靠人脉、特许经营牌照或政策资源、单一客户做起来的项目不投

依靠人脉、特许经营牌照或政策资源、单一客户做起来的项目有重大

经营风险，鸡蛋不能放在同一个篮子里。很多从体制内出来下海创业的朋友往往会习惯性地认为，自己可以靠某方面“很硬的关系”拿到很好的客户资源，以此做大企业。但是，如果支持这个项目的相关负责人被调走了，而新来的相关负责人不同意继续执行合同，或者合同到期后无法续约，公司经营就会出现很大变故。

第七，股权结构不合理又无法解决这个问题的项目不投

很多合伙人可以共患难，因为没钱的时候没有什么好计较的；但是当公司融到大笔资金，或者开始盈利，问题就来了。企业的股权顶层设计非常重要，因为股权结构决定话语权结构，决定公司的股东会、董事会到底由谁主导。所谓一山不容二虎，如果 3 位联合创始人都有着同样的话语权，那他们就是 3 只老虎了，能不打起来吗？

股权结构不合理一般有两个极端。第一个极端是股权太分散，几个合伙人平均分配，公司没有实际控制人，这会降低经营效率，因为重要决策往往会难以做出。第二个是占股最多的合伙人股权太集中，他可能独占 90% 以上，甚至是 100% 的股权份额，只留几个点给合伙人或者高管。这反映出创始人过窄的格局和胸怀。一个企业如果不能以合理的股权架构吸引优秀的人才，就肯定走不远。

第八，核心团队磨合不够、合作不稳定的项目不投

看到临时拼凑的核心团队一定要小心，哪怕他们有一些行业知名人士来站台做背书。

“搭班子、定战略、带团队。”一个好汉三个帮，一位合格的

CEO，首先要有好的创业合伙人，如果找不到帮手，他就只能做个光杆司令。创业公司在早期很长一段时间内都会处于亏损经营状态，没有什么现金流收入，融资金额也不多，这使得创始人没有办法高薪聘请优秀人才，只能和志同道合的人联合组建团队，靠着偏低的生活费一起打拼。临时拼凑的创业团队一般走不远，因为创业是最熬人的，大家没有同甘苦、共患难过，就很难长期坚持下去。所以在考察项目时，你要针对核心团队进行个别的深度访谈，以此了解他们共同的创业理念与合作基础，特别是使命、愿景和价值观。

第九，负能量、触及政策红线或灰色地带的项目不投

影视、动漫、游戏等文娱行业，可能触及意识形态或一些敏感话题，只要出现了社会问题或舆论争议，很快就会被政策管控和干预。外行投资人很容易遇到高风险项目。

第十，说不清楚投资逻辑和退出途径的项目不投

投资是为了赚钱，投资逻辑只有一个——商业本质。所有那些纯粹为了募资讲情怀、有限合伙人出资附带返投要求、短期风口类的项目，都有投资逻辑问题。专业的天使投资人，不管投的是自己的钱还是有限合伙人的钱，都应该坚持专业的、纯粹的投资逻辑，要不然就做不到科学地投资。职业操守有问题的投资人，容易被一些财务顾问返佣、索取干股的利益条件驱动，无法以真正专业的眼光和逻辑来判断一个项目的好坏，他们是行业内的“害群之马”。

科学的天使投资其实就是避险投资。遵守“老鹰十不投”的原则，就能避免踩进许多坑，而降低了失败率就等于提高了投资成功率。我们过去

也犯过很多错，但是只要能总结经验，就会大大降低未来的失败率。读透这些不投的原则，投资会变得更精准、更快乐。

因为有了这个“老鹰十不投”的原则，我们很幸运地避开了好几个赛道，如 P2P 互联网金融。当然，就算这样，我们还是无法完全避免系统性的风险。

希望这些原则能在未来的投资过程中给你保驾护航，帮助你避开陷阱、躲开人情投资、追逐风口投资。如此这般，相信你的天使投资会越做越好。

ANGEL
INVESTING

第 2 部分

如来神掌 11 式，
练就科学投资心法

ANGEL INVESTING

第3章

科学调研6式，看准趋势、项目和团队

从 2012 年开始，我多次接受邀请去给不同的高校、投资人才培养机构讲课，分享创业和天使投资的理论和实战经验。在讲课过程中，我逐渐总结出了一套体系，并创建了一套方法论，称为“天使投资 1234 法则”。2015 年夏天，我在中关村创业大街的 Binggo 咖啡店做了一次天使投资公开课，首次推出“如来神掌”的课程，当时课室都挤爆了，现场还收获了好几位有限合伙人。“如来神掌 11 式”以我多次在高校、总裁班、投资人才培养机构分享过的“天使投资的情怀与 39 个制胜要素”课程为基础，将天使投资从理念到实战的整个过程拆解出来，从入门、洞察，到尽调、估值等，环环相扣，覆盖了天使投资从入门到专家的整个“修炼”过程。

第 1 式，入门，好策略确保风险可控

第 1 式，可称作“佛光初现”，就是说，首先要对天使投资的风险、回报、社会意义有所了解。

风险

天使投资是创业项目开始融资的第一站，天使投资的事实和风险我在前面介绍了很多，其中前面提到的天使投资“3F 法则”中的“Fool”正是说明做天使投资可能是风险极高的事情，当项目失败了，投资人的钱血本无归，就顿时成了大傻瓜，所以正确的认知是要有投得起、输得起的心态。

不管是在美国还是中国，天使投资人大部分是业余或兼职的，小部分是专业和全职的。天使投资比风险投资介入得更早，失败概率也更高。很多人是“玩票”性质，看见有熟人或感觉是好项目就投一把，随机性比较大，没有系统化的项目分析、尽职调查、合同签订流程，结果不是投贵了，就是投错了。他们也没有系统化的投后管理措施，任由项目自生自灭，最后导致以失败收场。一些有心的投资人潜心钻研天使投资成功法则并把天使投资机构化，全身心投入风险投资这个行业，到现在可能已经打造出行业著名的风险投资品牌。

例如德丰杰投资（Draper Fisher Jurvetson, DFJ），从 1985 年在美国东海岸成立到现在 30 多年来，管理高达 70 亿美元基金，累计投资了 600 多个项目，退出或上市 200 个项目，成功投资案例包括百度，特斯拉，即时通信软件 Skype、SpaceX、Twitter，分众传媒，空中网，易宝支付等项目。如果说投一个项目成功是偶然，那么连续多年投资那么多成功项目就绝对是真功夫了。我们在 2014 年就和德丰杰龙脉基金共同发起成立北京基金，后来创始团队独立出来做了新龙脉资本，老鹰基金成为新龙脉资本的第二大股东。老鹰基金的愿景“用 30 年时间投资 1 000 个创业项目，成就 1 000 个创业梦想”其实就是源自德丰杰基金的启发，当时我想，在美国过去的 30 年里，德丰杰投出了 600 个企业，那我们立足中国、放眼世界，用未来 30 年时间投资 1 000 个企业也不是不可能。此外，自从移动互联网、人工智能、硬科技创业大潮来袭之后，创业门槛大大降低，创业数量也越来越多，只要我们保持敬畏之心，坚持理性投资、科学投资，不断投出好项目，我们就能成为未来的德丰杰。

回报

有人说，天使投资大都是赔钱的买卖，可能 97% 都会赔，剩下的 3% 还胜负难料。用险象环生或者血本无归来形容天使投资似乎并不为过。但是我认为，天使投资不仅能赚钱，还可以是一生的事业。做投资追求的是财务回报，买股票的回报率乐观来讲也就是 20% ～ 30%，而 PE 投资的回报可能是 2 ～ 3 倍，天使投资的回报则超乎想象，可能是几十倍、数百倍，甚至上千倍。“假如你用 1 000 万元做天使投资，投了 10 个项目，平均每个项目投资 100 万元，项目失败了 9 个，就等于 900 万元的亏损，但如果剩下的 100 万元投的项目成功了，那可能就不是赚 900 万元，而是赚 9 000 万元，或者是一亿元，甚至更多。

我曾经错过了比亚迪，而当年天使投资人吕向就通过投资比亚迪获得了超过 1 万倍的回报；我的朋友龚虹嘉，天使投资海康威视获得了数千倍的回报，也成为行内佳话。所以说，天使投资是块沃土，值得深耕细作。只要选对了项目，天使投资的风险是可控的，因为天使轮之后还可能有 A 轮、B 轮、C 轮、D 轮、PE，以及上市、并购。天使之后的每一轮融资都是机会，你可以部分退出，也可全部退出。如果持续看好一个项目，觉得它能上市，你可以少卖一点，把风险降低，把成本收回来。天使投资如果投对了，一个创业项目从天使阶段到上市或被并购的时间周期一般是 6 ～ 10 年，假设每年估值翻 2 ～ 3 倍，从天使到上市阶段的回报倍数将非常可观——假设平均每年翻 3 倍，6 年就是几百倍的天文数字。

社会意义

做天使投资不只为了追求回报获利，更深层的意义是利用资本、经验和资源帮助年轻人创业发展，创造财富，推动社会进步。我在做了天使投资之后，发现它跟后期的 PE 投资还是不一样。天使投资的社会意义非常重大，帮助了很多被投企业创造新的就业。很多天使投资人作为创业导师，跟创业者一起往前走，陪伴他们共渡难关。所以，天使投资是一个超长期的生活方式。

1991 年，我在瑞士的一个电信展上用一张名片和芬兰诺基亚公司交了朋友。两年后我三十而立时辞职创业，用 20 万元起家拿下了诺基亚手机中国区的总代理权。到了 2000 年我 36 岁时，“不小心”把自己的公司 IPO 了。当年创业时我踩上了移动通信的科技大风口，现在做投资同样喜欢投具备科技创新能力的新经济企业，同样看好 30 岁左右的年轻人，因为这个时候他们最富创造力，而且可能创业失败过一两次，或在大公司干过管理层，有流量、有经验、有人脉，这个时候创业的成功概率比较高。例如，我们手上有一些独角兽企业，如影谱科技、开课吧、趣拿网络，创始人现今都是 40 岁左右，我们都是在他们 30 岁出头时做的投资。张一鸣、王兴，还有拼多多的黄峥，好多独角兽企业的创始人都是 30 岁之前就开始创业，在创立最终大获成功的企业时，他们可能已经是第二次、第三次创业，这说明要成大事需要足够多的经历。

天使投资还有个深层次的意义是共同富裕，这也是大家都很关注的话题。目前不管是国际形势还是国内形势，都在出现结构性的转变，而且是很深远、很长期的。共同富裕将会是未来的一个趋势，我想我们做天使投资其实就是在身体力行共同富裕这一思想，因为我们直接或间接造就了无数企业成功、员工就业的机会。

第 2 式，态度，好心态助力长期取胜

第 2 式，也可称作“金顶佛灯”，即要做好天使投资人，必须具备一定的态度。

- 喜欢：天使投资人要真正喜欢创业的感觉。项目往往从概念开始，从无到有，需要试错，需要熬和等待，如果天使投资人不是真的喜欢创业的感觉，便不会有耐心，也不会相信年轻创业者真的就能把项目做起来。
- 开放：做天使投资要有颠覆自己和归零的心态，有些成功企业家会有经验主义的问题，成熟企业的结构、高管的心态也会阻碍用企业行为来做天使投资。不管是企业还是个人，做天使投资就要拥抱变化，拥抱年轻人，以开放的心态接受新东西、新模式。
- 勤奋：天使投资是个体力活，成功的概率就在于你看多少项目，一般肯定是看得多投得少，在众多的商业计划书里挑出明日之星可不是件容易的事，我经常一天看七八个项目都难得相中一个。

第 3 式，资质，能力与资源是基石

第 3 式，也可称作“佛洞山河”，也就是说，要做成功的天使投资人，必须拥有以下 3 种资质：

- 资金：赚过或管过大钱；
- 资质：有创业或企业管理经验；
- 资源：有整合资源的能力。

“爱换机”项目是我们在协助创业项目整合资源方面最好的案例之

一。项目起步时是一个二手手机回收平台，既有线上业务，也有线下业务。我们基于在手机流通行业的强大资源和经验，把几乎所有的资源和人脉都对接给了这家创业公司。爱换机创始人名叫高飞，我叫小鹰，所以这个公司叫飞鹰互动。当年我帮创始人对接了中国移动、中国电信、中国联通等运营商营业厅资源，还有全国各地的手机连锁店资源，比如全国最大的手机连锁店迪信通，这对公司业务推进大有助力，后来公司还获得了迪信通的战略投资。有时候资源在我们手上看起来不值钱，但是对创业者就很宝贵了，有些人说我给你对接一个资源，但是你得给我好处，我觉得这种思维已经落后。

说到爱换机的后续，这个项目曾经发展到年净利润达数千万元，可惜遇到外部激烈的竞争和内部管理的瓶颈，后来就走了下坡路。可见，创业路上不确定因素太多，作为天使投资人，应该“见好就收”，把本金和利息收回来，之后才可以轻装上阵。

第 4 式，洞察，敏锐洞悉风口

第 4 式，也可称作“佛问伽蓝”。怎么去判断一个项目投不投呢？要养成对风口的洞察力。你要了解这个风口到底形成了没有，如果是大风口的话，要么创业项目已经很贵了，要么现在才起步，已经太晚了。洞察风口主要从以下 3 个方面入手：

- 趋势：寻找和锁定未来极有可能爆发的趋势和细分领域；
- 项目：寻找和锁定具有高成长性和具备快速做大基因的商业模式；
- 团队：寻找和锁定潜在的“极品”创始人与核心创始人团队。

第 5 式，模式，产品与用户是核心

第 5 式，也可称作“佛光普照”。一个好产品有机会像佛光一样福泽世界。做天使投资一定要看懂项目到底在做什么产品，看清它对用户能产生什么新的价值，能否解决用户的需求及痛点问题。具体可以从以下 3 个方面入手：

- 价值：产品要对用户产生新的价值；
- 需求：能解决用户需求痛点问题；
- 黏性：能留住用户，让用户喜欢和经常使用。

第 6 式，团队，投对的人

第 6 式，也可称作“迎佛西天”，也就是说天使投资人要找到对的创业者，并送他们走上一程。判断项目团队要注意以下 3 个要点。

- “极品”：指的是领袖级创始人的终极品质，这里包含 6 点。①格局，志存高远，谋定而后动；②勤奋，废寝忘食，一碗白粥；③狼性，永远的饥饿感；④冒险，众人皆醉我独醒；⑤坚持，半途而废等于零；⑥偏执，充分自信的执着。
- 互补：了解团队的互补性和磨合过程。像西游记一样，想到西天取经必须有一个强大的、能力经验互补的团队。唐僧是个极品“一把手”，心无杂念，淡定掌控大局；孙悟空降妖除魔，无所不能；猪八戒公关能力强，适合做首席营销官；沙僧勤奋敬业，适合做人力资源管理兼首席财务官，为团队做好后勤保障。

- 分配：指的是责权利的分配机制。我们要了解团队在股权、分工和利润方面的分配机制和管理方式，比如核心团队各自拿多少工资，公司上班和加班的习惯怎么样。如果核心团队的责权利分配机制做不好，最后会造成“可以同患难，不可以共富贵”的局面。企业在创业初期还没有明显收入和利润、公司估值也不高时，大家可能还不在意这些分配机制，但当企业开始盈利、公司估值开始过亿元，股权开始值钱了，核心团队就会嘀咕：我的投入和产出到底能不能成正比，大股东是否在公平对待我们这些一起打江山的兄弟们?

我的投资随想

创业者的赚钱三部曲

创业者赚钱往往要经历 3 个阶段——用手赚钱、用人赚钱和用资本赚钱。接下来我会展开讲讲。

用手赚钱

以前做传统生意创业，可能是开一家夫妻店，也可能是一个老板带两三个员工。那是一种原始的生意形态，老板通常是自己一夫当关，身兼数职，既是老板又是打工仔，既是店长也是店员，白天当送货员，晚上也许还要陪客户应酬。一般我们讲他们属于个体创业者。这个阶段创业者年轻力壮，一天可以干十几个小时，用手赚的钱往往是血汗钱，为了第一桶金，经常疲于奔命。不同时代的创业者做的生意可能不一样，但是创业公司的本质是一样的，公司开门 7 件事，每天都要想着往后几个月怎么办。现在做互联网和科技创业，可以通过天使和 VC 找到资金，但过程也很不容易。我见过一个做移动互联网的创业者，白天拿着 CEO 名片到处找融资，晚上回公司还要当程序员写代码，见了几十个投资人，快两年了才拿到融资。俗话说，手停口停，这个阶段我称之为“用手赚钱”。这是创业最辛苦的阶段。

用人赚钱

当一家企业过了 A 轮融资，或者公司员工到了几十人或上百人时，创业者就要学会怎么用人。管理学上讲，一个人管 12 人已经是极限，因为汇报路线和分工等方面，一人对多人沟通起来效率反而更低。即使是超人，也管不了更多人。公司开始步入正轨时，创业者要学会用人来赚钱，而不是自己天天忙前忙后去做事。那具体要如何做呢？首先要搭建一个完善的组织架构，其次是找到专业的人去负责架构里的每一个部门，最后是结果导向，通过企业的目标和关键成果管理（objective and key results, OKR）和企业关键绩效指标管理（key performance indicator, KPI）来推进执行，还要有计划地把人才培养出来。这个时候最重要的是把利益机制设定好，包括分红奖励、股权期权等，让员工放心干，把创业者的事变成大家的事，把创业者的公司变成大家的公司。这样创业者也就轻松了，可以想一些战略或更远的事情。

另外，一个创始人不一定是个好的经理人。创始人往往天马行空，有创意、敢冒险，交际应酬也多，经理人要淡定、要坐班，要有条不紊地处理公司日常事务。人才进来了，也可能会因为各种原因干不长，所以要注意以下几个要点：一是放权，二是信任，三是包容。创业者要改变自己事必躬亲的习惯，把权力下放，也要给人才试错的机会，这样才能真正达到用人赚钱的境界。

我们投资了一家餐饮连锁企业“煲仔皇”。2014 年我认识创始人薛国巍的时候，他只有两家门店，凡事亲力亲为，就是处于用手赚钱的阶段。从 2016 年我们天使投资他的时候开始，创始人从 4 家门店开始发力，用了近 3 年的时间，不断地扩张分店。“设备也一步一步迭代，整个过程就是围绕着如何打造出有锅巴、有‘锅气’的煲仔饭，”创始人薛总说。更重要的是，我们见证了薛总从用手赚钱到用人赚钱的蜕变过程。他研究了多家跨国餐饮连锁企业的管理模式，不断升级煲仔皇的组织架构。同时他重视人才培养，给不同部门的主管授权，让大家为了公司的“百城千店”目标共同努力。到 2021 年年底，煲仔皇已在全国拥有了 100 家门店。餐饮行业有一个魔咒：100 家门店规模是一道很大的坎。但所幸煲仔皇拥有一个强大的组织，2022 年它新增 100 家门店，预计 3 年内门店将超过 500 家，并计划冲击 IPO。

用资本赚钱

创业成功后，钱赚到了，人脉和经验也丰富了。有人帮助经营公司，创业者可以尝试做一些投资让钱继续生钱，最好是在行业内寻找上下游的投资机会进行延伸。做海鲜批发的可以开个海鲜餐厅，至少解决了海鲜供应链和采购成本问题。如“7-11”便利店，它有的是销售数据，就可以选择一些好卖的产品打造自己的品牌，这才是稳赚不赔的生意。

资本包括有形资产和无形资产。多年的经营，除了资金的沉淀，创业者还会积累行业资源和信誉，这些无形资产都有可能间接变现，如可以更容易找到好项目。除了拥有投资优先权，估值也更好谈，而投资人投了项目还可以帮创业者做外围业务拓展或背书，有些关系是多年积累出来的，可能一个电话就能安排一个高端拜访或解决实际问题。

其实，不是每个创业者都能读懂赚钱三部曲，也不是每个创业者都会经历赚钱三部曲。要选对做什么生意、建立什么样的商业模式和发展路径。比如有人开个理发店或小饭馆，可能一辈子都只能停留在用手赚钱的阶段。如果不好好设计商业模式，那他再勤奋，每天起早摸黑，店也就这么大，餐位就这么多。除非他不安于现状，想着怎么突破，比如改变模式，或者把产品服务标准化、连锁化，再与时俱进，学习最新的社群电商、社区电商经营模式，结果肯定不一样。同样是做火锅店，有些老板只开一两家店就忙不过来了，张勇却可以把海底捞做到百城千店。互联网创业也一样，你是选择做 2B 还是 2C？做 2C 了，你是选择先做国内市场还是海外市场？选择国内市场的话，如何与互联网巨头抗衡？选择海外市场的话，你了解海外用户和国内用户的不同特征和消费习惯吗？讲到做产品，你选择收费模式还是免费模式？如果选择先免费再做流量变现，广告植入可能会影响产品体验，你想先要资金回流还是用户体验？一个 App 可以有很丰富的功能，也可以只有很简单的功能和界面，做少了怕用户说简单，做多了怕用户说复杂，该如何抉择？做产品其实不难，难的是取舍。我刚刚提到的一个个问题，都是创业之前必须想清楚的。

在万亿元级别的大市场里，只要选对了赛道，就成功了一半。这时，赚钱三部曲的节奏可能会非常快，快到两三年就可以做出一家市值 10 亿元级别的公司。芬兰的 Supercell 游戏公司，成立两年之后每天现金收入便达 300 万美元；美国的社交软件 Snapchat 成立两年之后，Facebook 出价 30 亿美元都没能收购它；还有早年的滴滴打车，成立两年之后腾讯投资 1 亿美元并接入微信，打通支付业务，之后估值连续翻了几番。我想说的是，用资本赚钱其实有太多的方法，用创投行业的术语来说，用资本赚钱其实就是用“创业 + 产业 + 资本 + 流量”的组合来赚大钱。

ANGEL
INVESTING

第 4 章

科学评估 3 式，全面测算项目价值

上一章介绍了天使投资“如来神掌 11 式”的第 1 式到第 6 式，主要让大家明白如何对行业趋势、商业模式和创业团队进行初步判断。这一章主要介绍天使投资如来神掌的第 7 式到第 9 式，主要包括天使项目应如何做尽调、如何估值、如何建立圈子文化等。

第 7 式，尽调，多维度入手摸清业务情况

第 7 式是“天佛降世”。天使投资的尽调虽说不用像 VC 投资那么复杂，但投资人还是要建立一套“佛眼”系统，这个佛眼就是尽职调查。投资人一般应从业务尽调、法务尽调和财务尽调 3 方面去了解项目的真实情况；对于科技企业，还需要增加 IP 方面的调查，即知识产权尽调。

业务尽调

业务尽调应从技术、产品、用户、市场、商业模式、盈利模式、进入门槛和竞争等多个维度入手，还应包括主要成员访谈、合作方访谈等工作。业务尽调最重要的工作有 3 点，简单说就是问清楚过去、看清楚现在、想清楚未来。投资人一要了解核实业务数据的真实性和有效性，二要访谈创始团队、公司员工、合作伙伴、重要客户等，以对比和再次验证业务数据的可靠性，三要通过手上的预算和数据去推敲商业模式的可行性和盈利模式等。

法务尽调

法务尽调一般要通过第三方律师事务所完成，因为他们有专业和严谨的尽调流程。法务尽调应调查企业的历史沿革、工商信息、资本缴纳信息、合规经营情况、知识产权登记和授权状态、公司有无外债和诉讼案件等信息。有内部法务部门的投资机构则可以让法务部门负责完成项目投前的法务尽调工作并提交相应的报告，避免投资有问题或硬伤且没有解决方案的项目。

财务尽调

财务尽调主要是依据企业的 3 张财务报表，核实企业资产、负债、收支、现金状况，判断它有没有关联交易或违规挪用资金的情况，以及核实财务报表数据和分析财务预算的合理性。

财务尽调还有一个重要工作：了解企业未来两三年的财务模型，进行包括收入增长和成本构成的财务预测。财务预测中最为核心的工作就是预测公司的现金流。通过财务预测，天使投资人可以看出创始人是否真正理解自己公司的驱动力。成本构成是可预测、可控的，因为各条预算比较好掌握。收入则较难预测，特别是月度经常性收入（monthly recurring revenue，MRR）。传统的企业可根据产品、价格和销量来做收入预算；科技和互联网的企业想预测收入则要先设定合理的月度经常性收入值。无论每月增长率有多少，拉长两年就会显得很惊人，所以要谨慎设定各种参数。

第 8 式，估值，科学地估算项目价值

天使投资如来神掌第 8 式是“佛法无边”，即修行方法有很多，难以计量。其实早期创业项目的估值是一个很大的学问，因为没有对标、参照物和计算方式，所以用佛法无边来形容估值问题也是非常契合主题的。

商业计划书

拿到一个创业项目的商业计划书评估投资价值时，不少人肯定会觉得无处下手：幻灯片短短 20 页，产品也可能还处在概念阶段，连个产品原型图都没有，创始人就开出 2 000 万元的估值！这个估值算高还是低呢？大公司高管或者有点技术背景的工程师，他们的一个商业计划书动辄就可能要 8 000 万到 1 亿元估值！短短几十页幻灯片对应着几千万元的估值，可真是一页千金！

想判断一个项目的估值是否合理，要看它有没有什么潜在价值。在非常早期的情况下，即只有商业计划书，没有产品、没有样品（demo）的情况下，天使投资人只能去考察创始人跟核心团队的核心能力和潜质，从他们的背景、经历、决心、投入、承诺等方面拿捏和评估项目的潜在价值。2010 年雷军创办小米时，模式就不清晰，但是他的团队足够牛，一样能

获得 1 亿元的高估值。我的朋友雷石科技创始人马杰曾表示，自己因认可雷军这个人，所以也进行了一定数额的投资。

预算

在了解了团队的水平和企业家潜质之后，如果你比较认可这个项目的方向、产品和模式，就可以直接跳到财务预算这一环节。你可以和创始人面谈，听他说说资金的需求和详细的使用计划，最好再让他提供一个预算表。这个预算表越详细，就越能证明他想得很清楚。你可以通过创始人对预算的每一个细项的描述，了解他是否懂财务报表、财务模型，思路是否清晰，对这个未来的生意是否有充分的自信和把握。

一个好的预算表可反映企业在一定期限内预计经营成果和财务预算，它包括现金收支等多项价值指标，一般以年度预算为单位，最后还应生成 Pro Forma① 的公司损益表和资产负债表。早期项目的预算在操作层面有较大的偏差，事后你会发现预期和实际大相径庭，而且通常计划也赶不上变化。但是，制作和讨论预算表是一个专业严谨的工作，你要加入很多的假设值，而这些假设值会对预算产生巨大影响。制作预算表不仅对创业者很重要，对天使投资人也同样重要。只想当甲方，做甩手掌柜，就是很多拍脑袋做决策的天使投资人亏钱的原因之一。做预算还可唤醒创业者的危机感，使他始终关注经营现金流、认清钱的重要性，促使他提早思考下一轮融资和数据匹配的重要性。

---

① 可将 Pro Forma 简单理解为“根据既往业务经验和对现有业务的假设，对公司未来的整体运营作出的财务预测分析”。——编者注

估值

传统行业的估值一般先看市盈率，再看资产净值，最后看现金流，它们分别对应着3张财务报表，即损益表、资产负债表和现金流量表。当然，还有很多复杂的估值法，如市场估值法和现金流折现估值法。可是，早期项目如没有以上3张表，该怎么估值？

可以参考的第一个维度是产品用户信息。如果产品已经上线，软件可以统计下载量、注册用户数、日周月活跃度、留存率等来计算价值；电商公司则看广告转化率、销售收入、客单价、购买率和复购率等；智能化产品可以统计销量、收入、毛利率；注册用户、用户数据也是影响估值的因素之一，这些是最基本的。如果依据用户数计算估值，可以参照行业平均数据，这是同一个维度。

可以参考的第二个维度就是前文提过的财务预算。如投资人与创始人已达成未来24个月最多要用600万元的共识，就要明确创始人愿意出让多少股份。按照行业惯例，每一轮融资股权稀释在20%～25%计算，如创始人愿意出让20%的股份，600万元除以20%就是3 000万元，这就是本轮的投后估值。由此可知，如果创始人愿意出让25%的股份，投后估值就是2 400万元。此处要注意，要让创业者明白什么是投前估值，什么是投后估值。

第9式，内功，持续积累制胜心法

第9式是“万佛朝宗”。等学习完科学天使投资“如来神掌11式”和“天地人1234法则”，你就基本具备了打出多套组合拳的基本功。但是，光有理论基础还不够，你要真金白银地开出支票进行投资，学以致用，在实践过程中练习你的“如来神掌”。失败是常态，每一次的项目倒闭、清算、投资亏损都会大幅度提升你的“内功”。另外，光埋头学习和苦练是不够的，要走出去，进入天使投资的圈子，多交朋友，所谓高手在民间，看你能不能用心去发现。

学习

后文将讲到的“天地人 1234 法则”中的“看天”，也就是“看赛道 1234 法则”，其实是要求天使投资人首先给自己投资，要多接触未来的新鲜事物，要多关心、多观察、多思考。加州大学的心理学教授艾莉森·高普尼克①说：婴儿时期，每个人都是科学家，他们先观察，然后动手实验，最后得出自己的结论。好的天使投资人就应该向婴儿和儿童学习，学习他们的好奇心和学习能力。我有一位学习了很久，但在天使投资上还是没有什么进步的朋友，她手机上的 App 数量不到二三十个，相比之下，我手机里的 App 应用则有几百个，而且每个类别的 App 都不止一个。我认为她没有进步的原因就是，还停留在自己是个用户的阶段。用户可以做减法，但是天使投资人要做加法。天使投资人除了是用户，还应该是产品体验官，应经常下载新应用，体验新产品；还要保持随时随地学习的习惯，比如每天看微信朋友圈和公众号，学习最新的知识，可以收藏、点评、转发、互动，还可以随手复制粘贴，多写笔记，把学习心得和要点记在云笔记中。

圈子

天使投资和 VC 投资、PE 投资的圈子很不一样，可能是因为天使投

① 艾莉森·高普尼克，儿童学习与发展研究泰斗级专家，著有《园丁与木匠》。书中作者用大量经典而富有创造性的实验，解释孩子行为背后的学习规律，帮助父母走出传统“让孩子成才”的教养误区。该书中文简体字版由湛庐引进、浙江科学技术出版社于 2023 年出版。——编者注

资和 VC、PE 投资不同，代表着情怀、温度、乐观、开放。专业天使机构比较少，个人天使居多，大家都愿意团结在一起，建立不同的组织和协会，因此天使投资培训机构也比较多。过去几年，我就加入了好几个天使投资商会，像中国天使联合汇、中关村天使百人会、天使成长营、中国好天使、中关村和天使投资协会、正和岛对路投资训练营、亚杰商会等。天使投资圈子里的人们会有很多共同的话题，会经常分享交流经验和项目，一起合投感兴趣的项目。有了“用钱投票”的强关系，每个人都会走得更近些，有些人甚至会共同发起一只天使基金，成为合伙人——好多只天使基金就是这么走出来的。

我的投资随想

新经济创业项目的估值方式

我有一位老朋友是某知名供应链上市公司的董事长，也是老鹰基金的出资人。他的公司一年收入几百亿元，净利率几亿元，这个业绩比起京东在估值 200 亿美元时的收入和业绩好太多——可这家公司的市值却徘徊在 200 亿元上下。我们见面时，会聊互联网公司的估值逻辑：一直在"烧钱"的公司，为什么动辄估值几百亿美元；为什么京东能在纳斯达克上市后有达 1 万亿元的高市值，比自家供应链企业市值高 50 倍。他经常说想不明白这些亏损的企业为什么能值那么多钱。我回答说："您的生意是传统模式，做的企业客户，看的是年度财报，关注的是每年的线性增长率。人家的生意做的是 14 亿的用户，主要是看每月，甚至是每天的用户数、转化率、客单价。平台企业关注的是以月为单位 10% 左右的增长率，它们每年呈倍地增长。互联网企业的增长则是指数型、爆发式的增长。"

过去 20 年，互联网和新经济领域创造了很多神话：美国前 10 大高市值企业的估值都在几千亿美元以上，前 5 名的微软、苹果、谷歌、Facebook、亚马逊都在万亿美元以上。中国的互联网企业，腾讯、阿里巴巴、美团市值都在万亿元以上；拼多多创办 3 年即登陆美股上市，市值一度接近并赶超京东；趣头条成立两年即完成上市；字节跳动虽还没上市，但估值已经超过 1 000 亿美元。互联网公司为什么能有这么高的估值？很多人说是因为互联网公司更加有想象空间。那么，这些想象空间能够占据公司估值多大的比例？这些公司的背后是否有成熟的估值体系，来指导资本市场和金融精英们对各类公司做出判断？ 要回答这些问题，我们要来回顾一下估值的方式。

估值方式

市盈率（P/E）估值

市盈率估值即价格 / 利润的倍数，就是公司估值除以每年的盈利，或股票价格除以每股盈利水平得出的倍数；数值越大，说明市场对其增长的预期越高。不过即使在同样的行业，国外和国内的企业、上市和非上市企业、传统企业和互联网企业，市盈率均不一样。中国 A 股平均市盈率在 30 ～ 50 倍，科创板平均估值最高时则超过 100 倍，香港恒生指数在 10 倍左右，美国纳斯达克和欧洲主要国家平均在 20 倍以上。市盈率估值法适合比较成熟的处于盈利状态的企业和上市公司，不适合亏损的初创公司。A 股大明星贵州茅台，在过去十几年间市盈率最小值是 8.83 倍，出现在 2014 年的 2 月，最高值为 104 倍，出现在 2008 年年初，基本与沪深 300 的峰尖和峰谷吻合。由此可见，A 股市盈率的波动很大。

市净率（P/B）估值

市净率就是公司估值除以净资产或股东权益，或股票价格除以每股净资产得出的倍数。市净率较低的企业，估值性价比更高。市净率估值法一般适合重资产企业或金融企业，就是资本和固定资产投入比较大的行业，如生产制造业、房地产企业、银行等。特别是银行，其市净率从一定层面上反映了它承担风险的能力（杠杆越小，风险越小）。另外，市净率低的企业的盈利具有周期性，但账面资产净值不会随着季节周期大幅波动。在股灾的时候，很多优质股票价格跌至市净率低于 1 的区间，简单说就是没有溢价。

据统计，2021 年 A 股房地产指数累计跌幅近 11%，市场表现位居 28 个申万一级行业指数[①]倒数第五名。2021 年 7 月，在政府三条红线的房地产新规影响下，加上各种因素，A 股房地产股票和港股内房股板块市值合计缩水逾 2 600 亿元。股价持续下挫背景下，地产板块估值一再走低。数据显示，2021 年 7 月申万房地产板块最新滚动市盈率为 7.59 倍；市净率方面，A 股房地产指数 6 月底已跌破净资产，平均市净率 0.95 倍，这也是 A 股房地产指数历史上首次跌破净资产。

市销率（P/S）

市销率估值方式即按销售额算估值，将企业的估值除以年度收入（营业额）。当想估值的企业是轻资产公司，有收入没有利润时，应优先考虑市销率估值法。你当然可以算盈利企业的市销率来做参考，防止企业对损益表上的成本、费用等数据进行美化或造假。市销率估值法在电商行业和软件行业比较常见，因为它们早期都处于亏损阶段，需要先做大规模，再考虑盈利。像亚马逊和京东，上市多年还在亏损，一方面是因为他们出于战略性考量，故意压低毛利率，以打击竞争对手；另一方面是因为它们需要不断投资研发，提高物流水平，以搭建商业壁垒。这样，一旦

① 申万，即上海申银万国证券研究所有限公司，他们根据自己的研究方向，划分出申万一级行业 28 个，主要有非银金融、家用电器、建筑装饰、化工、汽车、农林牧渔、传媒等。申万一级行业指数是由其指定发布的股票指数。——编者注

他们占据垄断地位，销售利润会大幅度提升。

小米公司在2014年的销售额为110亿美元，市场估计净利润为10亿美元，当年新一轮估值为450亿美元，相当于4倍的市销率，或者是45倍的市盈率。一级市场的小米估值远远高于其他的竞争对手，如步步高、金力等国产手机品牌。雷军向资本讲的故事是，小米的商业模式是一个潜力巨大的生态系统。小米强调“硬件＋软件＋服务”三驾马车，通过MIUI、小米手机、小米路由器、小米盒子、小米应用商店、米家有品、小米智能家居生态链，打造出一个有自有硬件作为移动互联网入口的平台级企业，其具有黏性很强的一体化用户生态系统。小米的硬件估值对标苹果，互联网用户对标阿里巴巴，这种生态系统未来可以稳定盈利，享有一定话语权，且不会被轻易地替代。互联网应用级公司差不多能做到10亿美元规模，平台型的公司市值可达百亿美元，而大型生态系统级企业可以成为超级独角兽，估值可以到达千亿美元级别或者更高。

倍数估值法（EV/EBITDA）

倍数估值法即要算出企业价值（EV）除以税息折旧及摊销前利润（EBITDA）得出的倍数值。这个估值方式更适用于B轮之后的企业、上市公司或收购型企业。企业价值＝公司市值＋负债＋少数股东权益＋优先股－现金及现金等价物。这公式太复杂，我姑且将其改名为“并购估值”。因为并购活动中，收购方要同时承担对方公司的债务，所以在估值计算当中应加入债务；与此同时，标的公司的现金及现金等价物在收购之后将直接落入收购者的口袋，所以需要减去对应数值。倍数估值法最厉害的地方就是，它既考虑到了股东的收益，也考虑到了债权人收益。两家盈利差不多但负债率不一样的企业可能会有不一样的市盈率，但其倍数估值应该差别不大。因此，在杠杆大的行业，比如电信或能源等领域，使用倍数估值法要比市盈率估值法更准确。

现金流折现估值法

现金流折现估值法即根据公司实际的财务状况和未来的增长预期，将公司未来各年的现金流进行折现，再将折现后的现金流进行加总得出公司价值。这里有一个非常重要的参数——折现率。折现率的确定依据资金在 3 个方面进行考量：第一是资金成本，包括借贷利率和股权融资成本；第二是通货膨胀率；第三是未来几年的收入和现金流增长。比如餐饮连锁业扩张速度快，即使仍处于亏损阶段，但由于其财务模型清晰、未来每年的现金流明确，如能快速增加开店数量，其未来的经营现金流将呈现几何倍数增长，因此我们可以用此法计算出一个高的估值。该估值法适合有明确现金流入预测或有实体经营场所的企业。

我们举一个例子：假如一家企业于2022 年有 500 万元净现金流利润，预计其于 2023 年、2024 年分别有 800 万元和 1 000 万元净现金流利润，则 3 年累计有 2 300 万元。根据通货膨胀的常识我们可以理解，未来的 800 万元、1 000 万元肯定会贬值。因此，我们在计算今天价值的时候就需要算上折现率。假设经计算之后折现率是 15%，那么实际上这些净现金流利润在今天的价值其实是：

$$500 + 800/(1+15\%) + 1\ 000/(1+15\%)^2 \approx 500 + 696 + 756 = 1\ 952\ (万元)$$

因此，用现金流折现估值法计算出来的现金价值为 1952 万元，比直接相加的 2 300 万元少 348 万元。

网站交易总额（GMV）和用户数增长率估值法

此类估值法比较适合用于未盈利的互联网公司或平台撮合型

企业。此类企业拥有海量用户，能促成上下游进行交易，并收取一般为5%～10%的交易提成。淘宝、天猫、京东、滴滴、优步、爱彼迎这类企业在实现盈利前都可以用GMV或用户数增长率估值先做估值。其实质内涵很简单，只要这家公司的经营总成交额或者是用户数大幅增长，公司的估值就能往高处估，之后再按实际收入用市销率来计算。

2021年上市的爱彼迎是全球最大的共享公寓酒店平台，发行市值约350亿美元，GMV是380亿美元，他们自己称为“总预订金额（gross booking value，GBV）”。这里的GBV是已经减去因为客户取消预约，而退回给客户的费用，所以说这是一个实在的“GMV/GBV”。爱彼迎同期总收入为48亿美元，上市后市值高达1 000多亿美元，是GMV的3倍；如果按市销率计算，是20倍，可见互联网平台级企业的市销率有多高。

依据互联网的梅特卡夫定律

梅特卡夫定律（Metcalfe's Law）是3Com公司的创始人、计算机网络先驱罗伯特·梅特卡夫（Robert Metcalfe）提出来的。他认为，互联网的价值在于将节点连接起来，网络的价值与联网的设备数量的平方成正比。例如节点数是N，其中存在的连接数就是N^2。2014年梅特卡夫发布了一篇论文，表示Facebook的收入和其用户数的平方成正比。在中国，也有人采用相同的方法，验证了腾讯的收入和其用户数的平方成正比。

和互联网的价值以节点测算的逻辑不一样，网络的成本计算是以线性的方式在增长，这样就会出现网络的节点数量和价值突破成本的临界点的情况。一旦超越了这个临界点，网络的价值将会实现爆发性增长，这个增长也叫指数型爆发式增长。《指数型思维》（*From Incremental to Exponential*）这本书基于这个互联网的节点价值理论，认为互联网公司或基于网络创建的新经济企业，他们的组织和传统企业不一样，要基于指数型思维建立一个新型的企业。

科技和互联网创新企业估值难点

第一，互联网创业公司早期现金流差、盈利能力低，不好用传统的估值模型，如市盈率、市销率或者现金流折现估值法进行估值，因为它们的业务是呈指数型增长的。到了一个“拐点”之后，企业的业绩增速可能会呈现几倍、几十倍的爆发式增加。

第二，新经济企业一般都是轻资产公司，如果以市净率估值法来分析，他们的平均市净率往往会高得离谱。所以，互联网公司的资产不是传统意义上的有形资产，我们应更多地考虑其无形资产的占比，包括知识产权、发明专利、软件著作权和商标等。

第三，科技和互联网公司多数属于创新型企业，对标企业少，发展周期又短，早期企业淘汰率很高，能长期存活在市场上的企业并不多。投资人决策时不能直接参考传统行业的上市公司或头部企业，因为这些前辈公司在业务和数据方面可比性不高，所以估值难度较大。

第四，互联网公司真正的核心资产是产品与用户核心、模式与盈利核心、门槛与竞争核心，这些都取决于公司创始团队的水平，其中人的价值是最难被量化的，而我们能量化的资产就是用户数据和来自用户数量的交易额，但现有的会计准则在资产层面完全忽视了这一点。

以上列举了从传统到互联网企业的 7 个经典估值方式，涵盖了从天使投资、VC 投资到 PE 投资的估值方法论，你可以从这几个估值法中找到大部分企业的对标方式。当然，遇上核心业务线多、资产复杂的企业，可以同时使用多个估值法，并对结果进行加权平均。但评估一家创业公司的投资价值不仅需要计算合理估值，还需要去思考和了解很多前置条件。

◎我的全家福，1970年拍摄于厦门海沧（左起第二个孩子是我）。

◎ 1988 年，我毕业于香港中文大学新亚书院市场营销与国际贸易系。

◎ 2009 年，我获得香港中文大学新亚书院委任，成为校董会成员至今。

◎1991年到瑞士参加日内瓦电讯展，在诺基亚展台发现一个商机。

◎2004年2月，长远电信集团成功转到香港主板挂牌上市。

◎2012年，我创立老鹰基金，专注早期科技创新，将“做1000个创业梦想的天使”作为愿景。

◎2017年，我应邀给中国好天使做投资人培训，演讲主题便是《做1000个梦想的天使》。

◎2017年，我入选金投榜评选的前十大年度卓越天使投资人。

◎2013年，我为天使成长营的学员授课，分享对于前沿科技赛道的看法。

◎2016年，我创办了老鹰学堂，为学员教授体系化的天使投资实战方法。

◎2018年，我应邀给人大商学院EMBA教授天使投资的方法，那时我的天使投资科学体系已渐成熟，且经过实践检验。

◎2021年9月28日，我受邀在“2021中国天使创投峰会暨第八届黄浦江论坛”发表主题演讲，同时担任投资百人战专场路演评委，与创业者面对面交流。

◎ 2023 年 7 月 9 日，我在“鹰雄会·厦门创投闭门会”上进行演讲，为现场创业者传授创业经验和投资心得。

◎2023年7月10日，我带领鹰雄会学员参访厦门美图秀秀总部，与美图秀秀创始人吴欣鸿探讨美图秀秀的创业历程、AIGC浪潮下的战略调整和未来布局。

◎2023年7月10日，我在鹰雄会厦门站的企业参访活动，与被投企业停开心的联合创始人王家帆，探讨B2G模式如何借助城市合伙人拓展市场。

◎2021年我们投资的怪兽充电（EM.US）在纳斯达克成功上市。

◎截至2022年底，老鹰基金累计投资近300个TMT高科技创新项目，老鹰生态间接投资近1000个项目，孵化出包括影谱科技、天兵科技、怪兽充电、孚能科技等十几家独角兽和上市公司项目。

◎2013年10月，为庆祝50岁生日，我邀请几位好友到中国台湾举行第一次环岛骑行，而后成立了飞鹰骑行俱乐部。

◎2018年，55岁的我成功挑战台湾最高公路之巅“武岭”，连续爬坡55公里，海拔3275米。

◎2019年9月，我发起的鹰超足球俱乐部在北京举办了创投杯足球联赛。

◎从 2002 年起，我一直保持对高尔夫运动的热爱和锻炼，并在 2004 年应邀到美国盐湖城参加诺基亚公司举办的 PGA 名人配对赛。

◎在 2006 年，我出席渣打银行在上海举办的高尔夫邀请赛，打出 75 杆的最好成绩并获得冠军，由当时中国第一职业球员张连伟颁发奖杯。

◎现在我的高尔夫成绩依然在不断精进。

◎2016年，在飞鹰骑行俱乐部主要成员的基础上，我发起成立飞鹰乐队，成为创投圈最活跃的摇滚乐队之一。

◎2023年初，出席中国天使联合汇成立十周年庆典，和梅花创投创始人吴世春、天使汇秘书长汪海波、天使汇理事赖梓源合组摇滚乐队，演唱《创勇者》，改编自陈奕迅的《孤勇者》。

ANGEL INVESTING

第5章

科学管理2式，做深度的投后管理

很快，我们来到天使投资“如来神掌11式”最后的部分。最后这两式至关重要，如果你不知道作为一个合格的天使投资人有什么权利，以为把钱投进去就可以等着企业做大上市然后拿到分红，那就大错特错了。企业拿到天使投资等于开始进入资本，应该从一开始就签订相对专业和严谨的投资协议和股东协议，按照协议的要求做好企业的合规性管理，开始设立股东会、董事会，定期召开会议并保留会议纪要，同时按照协议的要求做好规范性的信息披露，包括经营数据、计划和预算、财务报表等。投资人有权按照协议规定的范围行使知情权、否决权、优先权和随售权等。这些都是资本要求的基本要素，如能这些基本功做扎实，当企业进入下一轮融资、VC进行尽调时，将会大大加分，也会对成功获得下一轮融资大有助益。

最后一节我们讲到天使投资的最高境界是“渡”。佛祖普渡众生，渡的是天下苍生，而天使投资中的“众生”指的是被投企业的创始人。天使投资从业者除了企业家和专业投资者之外，很多都是资深的企业高管、行业专家、专业人士，在国外还有不少天使投资人是大学教授或科学家，他们的经验和专业知识对创业者来说本就是极宝贵的资源。既然投了钱，天使投资人更应该把自己投进去，抽出更多时间深入企业，我们称为主动投后管理——把自己当成公司的编外合伙人或不拿工资的兼职高管，这样有利于从企业的日常经营中获取更多实际经营数据，更早地发现问题，提醒企业创始人，并提出解决问题的建议。为什么我们经常说“创业九死一生”？因为创业的过程就是每天都在不断发现问题、面对问题和解决问题，不管是内部还是外部，每一个环节对创业者来讲都是陌生且极具挑战性的过程，作为企业的股东，如果能有更多天使投资人参与到企业的日常经营中，主动进行投后管理，将可以大大降低创业公司的“死亡率”，“九死一生”这个魔咒也就能慢慢解开了。

第 10 式，保障，科学地捍卫投资者权益

第 10 式是“如来灭魔”。每个人心里住着一个“佛”和一个“魔”，当你的善念意志力不足的时候，这个心魔就会带你跑偏，好在心里的善念会不断地提醒和帮助你驱除这个心魔。天使投资也是，需要提前定好规矩，防止项目拿完钱之后开始“变形”。我们需要设置一些权利主张和保护性条款，防“小人”而不防“君子”。

天使投资人在被投企业应该有什么权利？有些朋友很担心：把钱投给创业者后，他乱花钱、把钱卷跑了；企业亏损，把钱赔完了。这两种情况分别对应了两个问题：一是道德风险问题，二是经营能力问题。造成这两种情况的原因其实都是看错人，前者是看错人品，后者是看错能力。为了避免这两个问题的发生，除在公司章程中注明常规的股东权利以外，还有必要在投资协议里加入一些特殊权利声明。

- 知情权

知情权即确保股东会、董事会的有效建立和运作机制。早期项目哪怕规模小，也要尽早成立董事会。天使投资人就算占股5%，也要有加入董事会的权利，以确保投资人的知情权与决策参与权；投资协议还可以约定投资人有权随时到公司参与公司的常规会议，与团队交流，查阅重要文件、协议、财报、单据和凭证等。项目方也需要按照协议约定，定期发送公司经营数据、管理报告、财务报告等文件给投资人。

- 否决权

否决权主要指若干重要事项的一票否决权，以确保投资协议赋予的决策参与权和否决权能够有效执行，体现为以下重大事项发生变更时必须有投资方委派的董事在董事会上的赞成票。重要事项包括：

①公司股份结构发生变更；

②修改公司章程；

③制定修改公司的经营方针和投资计划；

④确定公司利润分配方案；

⑤超过约定金额上限的借款、债务或担保；

⑥公司的专利、著作权、商标的处置；

⑦公司年度预算和超过约定金额上限的开支；

⑧出售或处理公司全部或大部分资产；

⑨关于公司合并、重组、清算、赎回或解散的决议。

- 优先权

天使投资人作为以股权溢价投资参股的小股东，按风险投资行业的惯例，应同样享有若干优先权，以确保股东的权利得到有效保护。这些权利包括优先认购权（包含反稀释权）、随售权、优先清算权、违约赎回权等。优先认购权指在项目方未来融资或

IPO 上市前，股东有权利以同等价格和条件优先认购新股或购买老股。随售权指项目方在未来出售老股或公司被收购时，投资人有权按比例共同出售手上的股份。优先清算权指公司如因经营不善而倒闭清算，投资人有权利优先与创始团队获得公司剩余可分配给股东的有形或无形资产。违约赎回权指如项目方严重违反投资协议的规定而使公司出现重大变故，投资人有权要求创始人按照协议约定的投资本金加年化利息赎回投资人剩余的股份。

以上仅仅是部分投资人权利的简单描述，正式的投资协议应经过律师修订和法审，将条款分得更细、更严谨。

第 11 式，投后，良好的管理是项目增值的关键

第 11 式是“天地重生”。有人说，天使投资是一种带有公益性质的投资行为，可以不用做投后管理，有些快乐的“天使”甚至连自己投过什么项目都忘记了，这个境界太高，不适合我们学习。其实，很多成功的项目都离不开良好的投后管理。我经常说天使投资最大的满足感在于“渡”。“渡”即帮助和扶持，它是一个持续的过程，很多天使投资人喜欢在项目公司濒临倒闭时出手相救，帮助创始人把项目盘活。

- 帮忙

  天使投资人虽然在投资协议里拥有很多权利，但在实际执行的时候还是要把握一个度，以“帮忙但不添乱”为原则。投资人可以根据自己的经验和资源优势给被投企业提供各方面的帮助，如可以充当创始人的创业教练、业务顾问、财务顾问，甚至是心理顾问等角色。

- 效率

  天使投资的特点是需要投资一定的组合项目以分散风险。随着项目数量的增加，投资人应对项目质量参照销售漏斗的逻辑进行分类。投后管理要注意时间和效率的平衡，特别好的项目不用管太多，特别不好的项目管太多也没用。要多花时间在有希望的项目上，因为有些项目离成功往往就差一口气或最后一笔钱。

- 预判

  在投后管理的过程中，要特别注意一个重要的能力——对项目经营前景的预判能力。中医有句话“病向浅中医”，即预防胜于治疗。当一个人病入膏肓的时候，怎么下重药也是回天乏术，企业也一样。投资人可以重点关注以下几个信号，预判被投企业可能出现的重大变故，并及时采取应对措施：行业的特殊事件，如 P2P 暴雷；新的政府监管政策，如教育“双减”政策的出台。公司的现金水平如只够一年的用量，投资人则要提醒创始人开源节流，并抓紧时间做新的融资。当公司核心团队成员离职时，投资人也要深入了解背后的原因。投资人还要重点关注公司的核心经营数据，如果增速放缓，甚至业绩倒退，则要及时查明相关原因。

至此，天使投资的“如来神掌 11 式”独步心法，从入门、态度、资质、洞察、模式、团队、尽调、估值、内功、保障到投后，就都介绍完了。希望你可以经常演练，学而时习之，假以时日必能“修成正果”，打出“万佛朝宗”的绝世武功。

我的投资
随想

投后管理的本质是投前管理

在“大众创业、万众创新”的时代背景下，天使投资的热度也变得越来越高。天使投资人很多，理念各有不同，每个人的投资和管理方法也都不一样。所以，我们还是要从最根本的问题说起：天使投资的回报到底有多高？或者说，风险有多大？天使期的创业公司“死亡率”是不是很高？创业公司“死亡”的原因到底是什么？有人说：“就算绝大多数的投资项目都挂掉也没有关系，有一个成长起来了就算赚了！”这种理解对吗？

风险投资界很多人都在谈论这种理念：天使投资早期可以输掉 90% 的项目；成长期 A 轮、B 轮、C 轮时，输掉 60% ～ 70% 的项目也没问题；到 PE 投资阶段时，就算输掉一半项目也能赚大钱。我反对这个看法。有哪个机构失败率这么高还能持续存在？你还敢做那些机构的有限合伙人吗？天使投资经过这几年的高速发展正在走向专业化和机构化，行业里也涌现出一些比较专业和口碑比较好的投资人，他们各自形成了一套体系以提高自己的项目存活率，比如“天时、地利、人和法则”“铁人三项法则”“熊六刀法则”和“老鹰 1234 法则”。如果更多的天使投资人能够科学地对待整个投资过程，理性地思考，认真地了解赛道、项目的基本面，能和创始人团队进行面谈分析，我觉得天使投资的成功率会得到大大的提高。

最近一些天使投资同行的项目成功率提高了，不少项目都进入了下轮融资环节。我觉得这主要有以下两个原因。一是“双创”背景下，进来的“热钱”比较多，VC投资人手里的钱也比较多，大家都在抢项目，互联网巨头也在纷纷进行战略投资，但我觉得这是表面的繁荣，不能代表长期趋势。二是入行早的天使投资人有了一定的经验，能够筛选出较为优质的创业项目；同时，不同行业背景的天使投资人也带来了更多的资源。这时候，投后管理的能力就显得更重要。哪个天使不是越投越累，一边要忙着看项目，一边要打电话忙着“救火”、解决问题、处理矛盾、帮被投公司对接资源呢？要提高项目的成功率、减少投后的奔波疲惫，就要先做好投前管理。

天使投资与中医的“望闻问切”

大家都听说过中医的“望闻问切”理论，我觉得这个理论与天使投资也有一些关系。望，就是观气色，我们要看创始人的精神面貌与健康状况，身体不健康的创始人怎么能够带领团队往前冲呢？他肯定得加班干活，要干得比别人都多，所以更要有很强健的体魄。闻，就是听声息，我们要听创始人谈自己能提供什么样的产品和服务，正处于哪一个风口与赛道。问，就是问症状，要与创始人交流了解公司的商业模式与市场竞争。切，就是摸脉象，要了解公司的风险和可能遇到的问题。

其实人要想不生病，肯定是预防胜于治疗。现在亚健康的人非常多，真正健康状态的人其实很少，我也希望天使实战训练营的学员们动起来，保持健康。我们建立的飞鹰车队有时间就会去外面骑行，既健康又环保，在运动的过程中还能与创始人加深了解，建立真挚的友谊。公司也和人一样需要“动”起来。很多公司，特别是创业公司，都是半死不活的，真正能做起来的不多。要防止投资失败，就要在投资前决定最后的胜负，这就是为什么我认为“投后管理的本质是投前管理”。我们每天看项目，就像一个中医在坐诊：和过来的创业者聊聊，几分钟内就知道这个项目有什么问题。所以大家如果喜欢做天使投资，就要抽时间多看项目，跟创业者多交流。

投后的问题无奇不有

大部分创业者在获得投资之后，都会很努力地研发产品、开展业务。当然，也会有些例外：有些创业者拿到钱之后就跑路了；有些公司烧钱太快，商业模式还没得到验证，资金链就断裂了；还有一些项目虽有千万级用户量，却不能变现，只能继续讲故事去拿下一轮融资，拿不到融资的话，项目就失败了；有些公司合伙人因为性格不合、利益问题吵架散伙，这样僵持的伙伴关系会导致公司解散；还有一些技术型创始人对商业和生意的复杂性判断不足，花费很多时间做出会被时代很快淘汰的新产品。

我曾投过一个品牌电商，创始人是一个很有经验的连续创业者。我愿意给他时间，因为我知道做品牌需要时间去沉淀和积累粉丝，并建议他要尤其注意控制成本、细水长流。他没接受我的建议，拿到钱后大幅扩充了团队，但他没想到“天猫直通车”的客户获取成本高过预期，产品的库存量也过大，开支太多。还好他坚持了下来，自己想办法解决了资金问题，开源节流，终于渡过难关。现实中又能有多少像他这样执着又有底气、有实力的人呢？

我们如果遇到投前问题该怎么办？比如说项目除了商业计划书什么都没有，投还是不投？该不该投夫妻档项目？投不投大学刚毕业的创业者？项目靠谱、人不靠谱，投不投？投不投已经 50 多岁的创始人的项目？

项目看不懂但看好创始人，投不投？其实这些问题没有绝对正确的答案，真理在你手里，只有你的经验和现场的判断可以告诉你该不该投。再牛的投资人也会做出错误的判断。主观的、自负的投资人，更会用经验主义来解读、用主观意识来做生死判断。所以，投资人知识面要广、思考要缜密，要理性判断、胆大心细，要学会做出必要的判断和决策。

做好投前工作，才能减轻投后负担

我们的团队看了上千个项目，投了 200 多个从种子、天使到 VC 的项目，走了一些弯路，也积累和很多经验，还总结出了一整套天使项目评估准则，比如“看赛道 1234 法则”“看模式 1234 法则”“看团队 1234 法则”等。每一个项目不管是领投还是跟投，我们都会认真地采用上述法则做市场分析和尽职调查工作，然后把项目按照科学的评分标准进行评级。做这些投前的整套流程和工作，实际目的就是减少投后管理的负担。

预防和投前管理工作做得越好，投后管理就会越轻松。我们的经验是，如果是特别好的创业公司，模式对了，战略对了，加上有一流的创始人带领，投后管理的工作不需要做太多，他如果有问题会来找你，你只需要提供足够的建议和帮助就可以了；如果项目投错了，项目发展不顺利，你管太多也没用，花再多的时间也不会有什么效果，除非创始人有大的改变，模式上能够进行大的调整。

一些处于中间状态的公司最花天使投资人的时间和精力，它们看似不错，却一时半刻找不到方向、商业模式。你如能帮它们转型、调整商业模式、梳理它与产业链上下游的关系，它们就可能发生很大的变化。所以我们作为天使投资人，在投后管理上，主要还是做增值服务：第一，帮公司寻找精准合作资源并对接有效的人脉关系；第二，在有需要时，帮助创始团队处理和协调合伙人关系、顶层设计等问题；第三，关注公司资金链状况，及时提醒和帮助融资。天使投资人应以联合创始人的身份站好“资本合伙人”这道岗。公司做好了，估值上去了，你也就得到了回报。

年轻创业者通常人脉资源不够，因为他的资历可能够不上一些企业的高管，但是对投资人来说，找人跟投通常只是打个电话的事情。我投过一个红酒相关的项目，因为它有几十万个酒标的数据库和独特的图片搜索技术。我领投后，又找了几个红酒行业的朋友来跟投，结果这个项目就起来了。这个创业者还在我和朋友的帮助下对接了微信搜索和百度搜索，并签了战略合作合同。

前文说过，我认为做天使投资的最高境界是“渡”！佛家有普度众生的情怀，天使投资人也应该有渡人向上、渡人进步的胸怀。创始人的天花板就是公司发展的天花板，所以要想尽一切办法提升创始人的综合素质。企业规模逐渐变大，公司的组织结构、商业模式、人才管理都会有很大不同，所以创始人要同步发展。我们最好能提前拓宽创始人的视野，拔高他的格局。要定期保持与创始人的有效沟通，发现他的短板并采取有效办法给他补上，还要多给创始人提供到大企业参加培训、考察的机会，他的眼界开阔了、思路改变了，在公司事务上的执行力就提高了，投资人也就不用那么疲于奔命了。

ANGEL INVESTING

第 3 部分

科学实战 6 步法，成为天使投资的制胜高手

ANGEL INVESTING

第6章

步骤1，锁定优质的创业项目

投资是为了赚钱，只有我们所谓的S级，即顶级的项目，才能够获得高回报。我想和你讨论一个很重要的观点：天使投资九死一生。这句话具有误导性，创业九死一生才是真实情况。天使投资人是可以想办法找到相对靠谱的创业项目或创业者的，也就是尽量避开那部分可能失败的创业项目，然后再通过科学的天使投资法则，去芜存菁，把剩下的10%筛选出来——这样就能够大大提高投资成功率。

那么问题来了：人海茫茫，到哪里去寻找相对靠谱的创业项目和创业者呢？一个好的天使投资人应该学会一步步建立优质项目来源和渠道，运用销售漏斗原理，不断地筛选和优化项目。

很多刚入行的投资人不知道去哪里找靠谱的创业项目。其实项目和渠道比你想象的要多，每天都有像雪片一样的商业计划书从四面八方向我奔来，而它们还仅仅同属于一个渠道。你要先去找到渠道，再来判断项目好坏。那如何快速有效地找到比较靠谱的创业项目？那些比较厉害的创业者都在哪里？在什么单位工作？有一天我突发奇想，参照我当年做手机总代理时的渠道覆盖率的逻辑做了一个反向覆盖，把能统计到的创业项目渠道来源做了系统性的整理。开始，我只整理出 10 个渠道；后来越整越多，整出了 20 个渠道！你按照这些渠道没准就能碰上一两个未来的独角兽项目。我把主要的项目渠道分为 3 类——专业圈层、媒体平台、人脉圈。

打入专业圈层，挖掘高潜机会

专业圈层是获取优质创业项目最重要的抓手，主要围绕如何去找到优质的创业项目和优秀的创业者。不同于传统的小微企业，基于创投生态圈层的创业公司一般都会扎堆在不同的孵化器、加速器、共享办公空间和政府支持设立的科技产业园、创业园区，在这些地方可以找到相对早期的创业项目。当时的新媒体培训公司知家就是我们于 2014 年在中关村创业大街的 Binggo 孵化器找到的，那时公司只有两个人，现在已经是 300 多人的知名新营销企业了。优秀的创业者来自不同的创业大赛、创业训练营、创业者社群、科研院所、高校毕业生、大公司平台、海归创业社群，这些圈层中每天都在交流创业项目、创业想法。也有很多创业者希望找到天使投资人，给他们投资第一笔启动资金。如果你有时间，可以多去这些地方拜访，自然可以逐步进入这些圈层，挖掘出更好的投资机会。

孵化器、共享办公和科技产业园

孵化器、共享办公和科技产业园因为有实体空间，经常会举办项目路演，也会邀请投资人到孵化器参观、举办讲座、与创业团队互动。这样近距离的接触有助于投资人了解产品和团队，也可以加深投资人和创业者的联系。美国的知名孵化器有成功孵化出爱彼迎、Dropbox 的 YCombinator 孵化器，总部位于科罗拉多州的 TechStars 孵化器，还有波士顿的 Mass Challenges 孵化器。

在中国，较早期的全国性孵化器有成立于 1999 年的清华科技园。当年我就率先对清华大学毕业的叶滨创办的威速科技进行了天使投资。这家公司最早用 56K 调制解调器传输数据，可以支持用户连线召开网络视频会议，可以说比 Zoom 早了十几年。清华科技园后来改名为启迪之星孵化器，是国内起步较早、规模较大的国家级孵化器网络，覆盖 150 多个基地。近几年比较知名的共享办公空间有毛大庆创办的优客工场。优客工场 2015 年发展至今已经在全球几十座城市布局了 200 余个共享办公空间，并于 2020 年年底在美国上市。另外，我朋友创立的专注于科技办公体验的联合办公空间品牌梦想加，2018 年完成高瓴资本和美国泛大西洋投资集团领投的 1.2 亿美元 C 轮融资。此外，一些备受关注的孵化器和共享办公空间还包括 36 氪旗下的氪空间、浙江银江股份旗下的银江孵化器，以及万科地产高管创立的广州的创客街等。科技部火炬中心数据显示，截至 2016 年年底，国内已有孵化器 3 255 家。因此，这是寻求优质创业项目的一大优质渠道。

创业大赛

科学技术部、工业和信息化部和各大机构会定期举办创业大赛，比如创业黑马、创业邦以及中国创翼大赛这种全国性的比赛。举例来说，2012 年，由科技部、财政部、教育部、国家网信办和中华全国工商业联会联合主办的首届中国创新创业大赛正式启动，大赛分为初创企业组、成长企业组和创业团队组。整个赛程历时 6 个月，分别在北京、上海、宁波、深圳和成都 5 个城市进行分赛区比赛，并于当年年底在北京举行全国总决赛。

之后各省市也陆续举办了很多创业大赛，各创投机构投资人也都被邀请出席创业大赛当评委和嘉宾。我们在香港参与发起的港京基金也连续两年在北京举办了“HBCC48 港京互人创客大赛”，在 48 小时之内决出优秀创业团队，其中老鹰基金投资的企业微蜂科技也获得过冠军。

需要注意的是，参加比赛的项目质量各有千秋，拿冠军的不一定就是“大牛”项目，所以也要擦亮眼睛。

创业训练营

创业训练营聚集了很多创业者。硅谷德丰杰的创始人，著名的风险投资家蒂姆·德雷珀（Tim Draper）就创办了一所德雷珀大学（Draper University），旨在培养优秀创业人才。这几年北京比较火的是李善友创办的混沌学园，其主要学员来自互联网和投资圈。相关学校通常设有创投班，创业者和投资人混搭，更容易擦出火花。《创业 36 条军规》的作者孙陶然，也是我的好朋友，他创办了昆仑学堂，主要面对 A 轮后的创业者。

亚杰商会在 2006 年推出“未来科技商业领袖摇篮计划”，培育出十多家年轻的上市公司创始人，包括 58 同城，UC 浏览器和兰亭集势的创始人。创业家也有一个黑马营，入营者大部分是黑马大赛的得奖者。除此，还有李竹、王童等天使投资人创办的创业孵化机构，曾创办中关村天使成长营的徐勇的培训共进社……我们之前也办过 3 次老鹰学堂的培训课。

高校创业

有的大学生可能暂时不太靠谱，但是点子还是蛮有新意的。36 氪的核心团队就是创始人刘成城在高校和中国科学院时结交的同学。2013 年我背着双肩包去36氪位于中国人民大学的办公室和刘成城沟通项目。当时他的天使投资人是王啸，项目估值好像是1 000万元，到我这儿估值已达1亿元。那时我刚做天使投资人没多久，不太会砍价，也没弄清楚36氪的变现方式，再加上它已是A轮项目，就不打算再投资。现在想来，投资时应该更关注创始人的潜力和创业气质。

高校创业未来几年会越来越热。高校创业有一个关键词叫科技成果转化，特别是理工科方面的高校，有大量的科研经费、研究课题和人才。我是科技部火炬中心的创业导师，出席过多次高校创业大赛、高校成果转化外部专家评审，从中也遇到过好项目，也在北京大学、清华大学、中国人民大学、香港中文大学和对外经济贸易大学讲过创业课程。专注高空作业机器人的史河科技就是我在参加清华大学的创业路演时关注到的。

技术成果转化

技术成果转化是一个比较精准且质量较高的渠道。中国科学院、中国科学技术大学、国防科学技术大学、北京航空航天大学、北京理工大学、哈尔滨工业大学、华中科技大学、成都电子科技大学、西安电子科技大学等国家重点扶持的研究院、高校和研究所都积累了大量的科技研究成果，有些成果已经可以商业化。很多教授和专家也都在积极准备创业和融资。有些成果虽还在实验室阶段，但是已经有了雏形；这些项目大都非常早期，很多没有产品化和商业化，但天使投资人如果能找到门路，敲门进去了解一番，肯定会有不少收获。你如果发现了好的技术成果，不妨和教授谈谈，看它能不能商业化，谈妥后就可以找合适的团队来孵化项目了。

这几年，央企、国企旗下的技术人才也在通过不同的方式进入创业浪潮，有通过混合所有制改革进行重组的，也有把新业务分拆子公司、成立新公司进行混改的，最近甚至有行业专家拿到融资后直接辞职下海创业。前两年的新能源和航空航天这两大板块，有好几个知名项目都来自相关的航天科技产业集团。

海归创业

政府早就有吸引海归回国创业的优惠政策。北京朝阳区的海外人才创业大会就是一个一年一度的海外人才创业大会，我们曾在这个活动中当过几次评委，也投过一个叫页码科技的项目，它是个从硅谷回国创业的移动互联网技术公司。徐小平老师就特别喜欢海归创业，他经常派员工到美国几个著名高校去寻找潜在的回国创业者。真格基金投资的依图科技，就是从美国回来创业的人工智能技术团队。

大公司高管创业

你可以关注几大头部公司的高管，如百度、阿里巴巴、腾讯、字节跳动、美团、滴滴、小米的高管，当然还要关注快手、Bilibili 网站等新巨头的管理层。新经济大平台高管往往自带流量，他们对资本也比较了解，能比较顺利地融资。现在创投圈天使估值最高的项目往往是这些大公司高管创业的项目。这些高管因背景和身后的资源，往往人还没出来就收到投资意向书了。我当年就错过了百度科学家余凯博士的一个地平线机器人创业项目，这个项目第一轮就估值 1 亿美元，远远超出了我们天使投资的范围；目前该项目估值已经 40 亿美元。

为什么他们能收到这么高的估值呢？一是因为他们敢开价，二是因为真有人追啊！品牌是有附加值的，有不少人乐意为这种附加值买单。

种子基金

天使投资理论上是种子投资的“接盘侠”，我们也很乐意接手一些种子基金投过的好项目。2013 年前后最活跃的种子基金是王利杰做的 Pre-Angel。我当时经常被他邀请去看种子项目，席间还被那些热情的创始人感染，当即锁定了一个跨境电商的项目。

王利杰投过酒咔嚓的创始人董志峰，而当时很多人没看懂酒咔嚓的商业模式。我按照我的投资方法论问了董志峰几个问题，当即发现他的项目有一定价值；后又看了他们的系统后台，知道他们拥有强大的酒标图片库和搜索技术。于是，我把他带到广州微投网，他的项目成为该平台的第一个众筹项目。

天使联合会周宏光监事创办的龙奕资本，也是专注种子投资的早期机构，他们还有个优秀项目叫酷玩实验室，多次被网信办点赞。

互联网 +

注意，我这里让你关注的是在“互联网 +”大潮里的传统企业家转型互联网的项目，因为这是很好的项目来源。传统企业家渴望拥抱互联网，他们有很好的行业经验和积累，也有很好的线下运营和企业管理经验，只要搞懂了互联网思维，找到靠谱的互联网和技术人才做合伙人，再搭建合理的合伙人股份结构，项目发展就会很稳健。前几年我们就投了一家智能美容连锁店美道家，其创始人是全国美容行业的十大领军人物之一。他决心很大——用一年时间学习互联网思维。该项目目前已在多个省份落地，假以时日，必有惊喜。

放眼媒体平台，慧眼识英雄

互联网时代不仅为创业者提供了大量全新的创业机会，同样也开启了自媒体时代。互联网用户从观众逐渐变为信息的生产、发布和传播者，从论坛、博客，到微博、微信、知乎、小红书、抖音，传播形式从文字、图片到视频，最新的是通用人工智能，可以自动生产和生成更多的内容。不同的新媒体和自媒体催生了大量的互动内容：发布创业信息、交流创业机会、发布融资需求。天使投资人可以借助创投媒体的报道和行业数据了解更多的创业项目信息，特别是国外最新的创业趋势、新技术和各种创新模式的报道。各地电视台也经常举办创业真人秀，很多资深天使投资人都上过节目担任评委和嘉宾，与创业者面对面交流；抖音、视频号等短视频媒体平台也出现不少投资人主播经常直播，与创业者在线上深入交流。我也不甘落后于时代，在抖音和微信短视频平台都开设了主播账号。

创投媒体的宣传报道

随着移动互联网的普及，基于国外和国内的创投媒体出来了好几家，比如清科、投中网、36 氪、IT 橘子和投资界等。前几年我们也投资了创投梦工场、狮吼网、闹客邦。通过不同项目的报道，投资人不仅能及时关注到创投圈的最新趋势，还可以找到感兴趣的项目和创始人。你可以通过媒体，与创始人建立联系，但要注意，这些文章中有些是媒体主动报道的，有些则属于软文宣传。要有辨别能力。

创业类电视节目

创业的电视节目一直就有，以前传统项目居多，这两年参照一些电视节目的成功模式，好多主流电视台都在推动创业真人秀节目，如《创业英雄汇》《中国合伙人》《中国好商机》，还有《我为创业狂》《创业大本营》等。这些节目虽然还是带点娱乐性质，但里面的创业项目基本有投资人领投，你可以去那里碰蹭运气。

微贷担保公司

这是一个我偶然发现的冷门渠道。我和某位国资担保公司老总谈合作时，发现他们在做初创企业微贷业务，每笔贷款在 100 万元以内，而那时他们手上已经有上百家公司了。很多担保公司都会有这个业务，相信经过贷款尽调的公司基本素质都不会太差，你可以去碰一下运气。

众筹网站

这在前几年是个有效项目来源渠道，但近几年，众筹平台因各种原因普遍发展不太好。

个人 / 基金官网邮箱

你如果能随时关注邮箱里的商业计划书，相信一定会有惊喜。一直以来，我都在微博和微信个人主页上挂着邮箱号，方便创业者向我发送商业计划书；老鹰基金的官网也挂着商业计划书递交邮箱。

每天，我们会收到来自五湖四海的项目计划书。老鹰的后台会自动发送根据老鹰天使投资“1234 法则”设计出的问卷。创业者填写上传问卷后，系统会通过智能化筛选，排出项目的次序，以便我们节省时间、提高效率。我的项目中有 10% ～ 20% 来自这个渠道，目前我们收益最高的项目就是一位微博好友半夜发给我的一个人工智能创业项目。

热门 App

几年前，我家小儿子下载了一个叫 Musically 的 App。他那时经常对着手机拍小视频，或者伴着流行歌曲对嘴型，简单剪辑后再上传这些视频。我还注册了一个账号看他的作品。当时，我特地了解了这个 App，得知这是一家上海公司在美国发行的一款短视频 App，但由于相隔太远，我就没有继续和创始团队取得联系——没想到这一次的偷懒就和超级独角兽字节跳动失之交臂！其实，这个 App 就是抖音和 TikTok 的前身。

热门 App 的背后都是一家家创业公司。很多投资人习惯到手机应用商店去下载热门排行榜上的应用。早期有很多 App 会先上安卓系统，再上 iOS 系统，因为安卓的开发成本低，上线也快，而这些 App 主要是 2C 的应用。我们当年投手游时就会看团队过往开发过的项目在应用商店的下载量和充值情况。这几年比较火的 Keep、得物、Soul 等 App，就是因下载量的迅速上升而得到投资机构的关注，而后获得了融资。

拓宽人脉圈，理性研判新项目

这里讲的人脉圈，特指天使投资的业内圈层，一般是从自己身边的朋友圈向外延展，再聚焦于志同道合的朋友，大家联结成一个有共同话题的圈子，讨论彼此感兴趣的投资赛道和项目。天使投资的业内圈层，有中国基金业协会的中国天使投资联席会、天使联合汇，还有中关村天使百人会、中关村天使成长营、沙丘投资学院、混沌学园、中国好天使等天使投资协会和天使投资培训机构。很多风险投资机构合伙人、天使投资机构合伙人及知名天使投资人不仅是这些协会的主要成员，也是这些天使投资培训机构的主要导师。加入这些专业协会和机构，不仅可以拓宽自己的人脉，还可以逐渐提升自身对天使投资的认知，增强专业技能。更重要的是，天使投资的业内圈层更注重合作与“合投文化”：有项目大家一起投。早期项目有太多不确定因素，投资人就算看好这些项目，往往也没有十足的把握，所以还是希望能有更多的投资人参与，一起为项目带来更多的资源。

朋友推荐

这里的朋友其实包含了两个 F：Family 和 Friend。我在前几章中多次提到天使投资“3F 法则”里的这两个 F，亲戚和朋友推荐是我们的一大项目渠道来源，因为朋友首先是可以信任的人，其次他又是带有感情和人情色彩的熟人，你们关系近，见面又方便；不过项目好坏就应该另行判断。但是，好多人会因为熟人而忽略判断的重要性，以致投资失败。我们投资的怪兽充电、趣拿、收钱吧、中感微、孚能科技、三好网等项目都是属于朋友推荐，比如趣拿就是我们投资的旗鱼操作系统大中华总裁伍天成介绍的，而且他自己也投了钱。

微信群 / 朋友圈

微信是时下最流行、用户最多的社交通信工具，你可以从各种群的讨论、分享、朋友圈原创和转发信息中把握到近期流行的投融资信息。有经验的投资人会从个人信息中判断出一些潜在的项目投资机会。

投资人也可以主动发起话题或邀请朋友介绍某类项目的创始人。微信一加，就可以直接对话了。事实上，最近微信朋友推荐的项目变多了，主要是因为文件分享这个功能太方便了，大家索性邮件也不发了。有了微信群，你不仅可以被动收项目，还可以主动找项目。到今天，我已经被拉进了好几个“有好项目的群”，项目多到看不过来。

创投社群

创投社群中属康体社群比较活跃，各地的跑步、骑行和各种球类运动社群聚集了很多喜欢运动的创业者和投资人，他们之间黏性很高。我们有好几个项目就是从飞鹰骑行、鹰超足球俱乐部这些社群孵化和找到的，包括来跑吧、梦想之巅、黑鸟单车、飞鹰单车等项目。专注投资机构服务的《母基金周刊》4 位创始人中有 3 位是我们的鹰超队友。

2014 年，我突发奇想，要投资一个移动广告公司，便非常随意地在某创投社群发布了这个想法。当时就有热心的群友推过来好几个质量都还不错的项目，有的刚拿完天使轮要进行 A 轮融资，还有的已经盈利。和创始人面谈时，我发现了一位百度和创业家南区的高管，觉得他的项目不错，便先后两次约他聊了项目细节，也到他们公司做了现场尽调。后来我决定投资，投了 300 万元，而这家公司第二年就开始盈利了。

天使投资人圈

天使投资人合投也是一种常见的投资方式。在天使圈里，我们基本知道每个投资人的投资能力和口碑，大家都有个纽带关系。报不同项目时，我们会想起相关的投资人或机构，然后邀请他们合投。

多年前我投一个户外运动电商的项目时，就找了李宁集团联合创始人与途牛天使投资人来合投，后来英诺天使基金也加入进来。再后来，该项目很快就拿到了新一轮的融资。

VC 机构转介

最后一个渠道是 VC 机构的项目转介。很多创业者会同时发送商业计划书到不同的 VC 机构，有些项目虽然不错，但是项目规模、数据都还没达到 A 轮的标准，这时候 VC 机构便会把这些项目转介到相熟的天使机构或投资人朋友那里去。这些项目估值会稍高些，但往往都有不少看点。

这一章共讲了 20 个可以找到优质创业项目的渠道。请记住，拿到优质项目的商业计划书只是投资的第一步。项目是人做出来的，选择什么样的创业人，才是重中之重。创业者大部分是陌生人，从第一次见面到互相认可，从一次深度交流到互相信任，从一次尽调到开出支票，这些不仅是一个个充满感性的过程，也是一个个需要你保持理性的过程。

ANGEL
INVESTING

第 7 章

步骤 2，看赛道 1234 法则

面对这么多来自不同地区、不同行业、不同技术、不同模式的创业项目时，你该如何判断、如何选择呢？我经过多年的实战、总结、授课，总结提炼了一套行之有效的天使投资实战课程。我于 2014 年给北京创享派天使营做培训时首次分享了老鹰天使投资“看趋势 1234 法则”和“看项目 1234 法则”。到了 2015 年 1 月给中关村天使成长营授课时，我又加入了“看人 1234 法则”。至今，这些法则在框架基本没变的基础上经历多次微调和迭代，成为今天科学天使投资“天地人 1234 法则”。本章将教你如何通过“看天”来预测未来的科技趋势；学会“看天”，就学会了看赛道，所以这个法则又叫“看赛道 1234 法则”。

有经验的天使投资人都有自己的理论和实践。老鹰成都基金的合作伙伴易一天使投资公司创始人熊新翔就总结了一套“熊六刀法则”。他曾用 500 万元对猪八戒网进行天使投资，获得超过 10 亿元的回报。有人说要看“市场、产品、用户”，梧桐树资本创始人童玮亮说要看“天时、地利、人和”，还有人说要选“赛道、赛车、车手”。殊途同归。不管是“白猫”“黑猫”，凡事看结果，能帮你投到好项目的就是真理。“江湖”上，真理往往是独门秘诀，轻易不外传，但在这本书中，我将倾囊相授。

1 句真理，看远不看近

有人说，创业是一条不归路。做天使投资何尝不是？创业十年磨一剑，越聪明的创业者看得越远。一个产品从创意开始到真正成为一个产品，往往需要一两年；再找合伙人、注册公司、拿投资、上线产品、开始销售，又要一两年；此后顺利的话再每年拿一轮融资。天使投资人如果不能真正看懂这个技术和产品在五六年后的市场场景，就很难有信心进行投资，更说不上有没有耐心了。

如果你看上的项目在蓝海市场，甚至无法拿到足够的市场研究报告，这时就要借助我在第 1 章介绍的科学思维和科学研究方法，带着同理心去思考和研究未来这个蓝海市场能否形成和快速增长。有些板块开始时可能影响很小，市场也非常小，但后续会持续加速发展。比如，2000 年百度公司创建时，网民还很少，搜索市场也小；2005 年去哪儿网创业时，线上旅行社（online travel agency, OTA）及线上旅游产品也不多；同样是 2005 年，58 同城创业时互联网的生活服务也只是个乌托邦。但是，这些公司的创始人李彦宏、庄辰超和姚劲波有着前瞻性的想象力，他们预见了这些板块将会走出来。这个时候天使投资人出现了：李彦宏的天使投资人是硅谷德丰杰基金创始人蒂姆·德雷珀，庄辰超的天使投资人是美国的戴福瑞，姚劲波的天使投资人是蔡文胜。这些天使投资人看得很远，愿意相信这帮爱做梦的年轻人，可以一直等待和陪伴着项目成长。当然，早期项目基本是不可能一帆风顺的，前面这 3 个案例几乎在创业前几年都不止一次经历过钱烧完了的困境。

2 条定律，技术与用户

第 1 条定律，技术永远在进步

从 PC 互联网到移动互联网，从功能手机到智能手机，不管是软件技术还是硬件技术，都在同步迭代更新。软件编程语言如今越来越简洁，同样的指令，需要写的代码也越来越少。操作系统方面，Windows、Mac 的操作系统占据主流。当手机开始智能化后，塞班、奔迈、黑莓系统开始被后来居上的 iOS 和安卓系统取代；微软想“后发制人”，推出了 Windows Phone，但举步维艰。在物联网、机器人、自动驾驶的新时代，操作系统的迭代更是飞快。

软件进化的特点是运算速度越来越快、用户界面越来越简单易用。硬件进化的特点是：同样的功能和存储，体积越来越小，重量越来越轻。英特尔创始人之一戈登·穆尔（Gordon Moore）先生就曾提出摩尔定律，其内容为：当价格不变时，集成电路上可容纳的晶体管数目，约每隔 18 个月便会增加一倍，性能也将提升一倍。换言之，每一美元所能买到的电脑性能，每隔 18 个月将增加两倍以上。演变到今天，人们手上的智能手机从配置和性能上看比 10 年前的个人电脑还厉害。内置了一个个细小传感器和芯片的智能硬件，能被塞进手环、帽子、衣服、腰带和鞋子等物品里，帮助我们监测和管理日常生活、运动和健康数据。这些数据会通过蓝牙或无线网络，同步到手机 App 和云端服务器里，汇总成非常有价值的数据。

技术永远在进步，硬件的容量和存储速度每年在提升，硬件成本却在每年降低。基于摩尔定律，未来机器人进入千家万户可能已经不远了。天使投资人一定要时刻着眼前沿的科技趋势。

第 2 条定律，用户永远是上帝

“客户是上帝”是传统生意里的永恒真理。在早期的互联网世界，想要有客户，首先得有用户，而且你不能在竞争对手都提供免费服务时收费。从最早新浪和搜狐的新闻软件，到谷歌和百度的搜索软件，再到腾讯的 QQ、微博和微信，无一例外均为免费软件，因为有个重要的概念叫边际成本效应。“用户是上帝”，你不仅不能向上帝收费，还要给他很好的用户体验；如果你的免费产品使用起来很复杂，用户会毫不犹豫地将其卸载，因为他切换产品的成本为零。不像某些大件物品，如冰箱、空调、电视机等，就算使用体验不好，用户也会因为花费了大价钱而多用几年，不能说抛弃就抛弃。好在新一代网民的习惯开始转变，内容付费、知识付费等付费形式已经被广泛接受。

关注用户，除了要关注用户体验之外，也要格外关注用户需求以及用户需求场景——这一点在哪个行业都非常适用。关于新经济时代的用户思维，请参考后面章节的专栏。

3 大驱动，技术、平台、数据

了解了前面两个定律的重要性之后，你就要知道它们是靠什么样的“发动机”来驱动每个产业进化的。这 3 个驱动分别是技术驱动、平台驱动和数据驱动。

技术驱动

想了解技术驱动，就应该先了解 3 大技术：半导体、新能源和新材料。

半导体

半导体产业链分为芯片设计、晶圆制造、封装测试 3 大环节。其制造与封装过程需要利用许多高精设备和高纯度材料，半导体制造商向更小的工艺尺寸迈进的最大动力就是降低成本。组件越小，同一片晶圆可切割出来的芯片就可以更多。所以，纳米制程越先进，芯片的性能越是强悍，存储器产品越是优质。对向中国半导体产业的出口进行管制一直是美国“卡脖子”的关键手段。半导体产业是国家政策推动进口替代的首选产业。半导体强则中国强，希望我们有更多的半导体技术大牛公司出现。

我的合伙人王文庆早年投资的韦尔股份，于 2017 年在 A 股上市，之后它经过了多次收购兼并，其中包括对图像传感器芯片设计公司豪威科技以及国内知名图像传感器芯片设计公司思比科的收购。通过收购兼并活动，韦尔股份成为 A 股唯一实现泛模拟芯片全面布局的“光学龙头”，它涉足“功率 + 电源 + 射频 + 传感”4 大领域，业务覆盖半导体设计到分销。上市后 4 年多时间，公司业绩一路刷新纪录，公司市值也从几十亿元一路飙升到 1 000 多亿元，成为 A 股半导体之王。所以，投资人需要长期关注半导体行业的投资机会，这个产业链的每个环节都有一些好机会。

新能源

投资人要在新能源产业关注新能源汽车、新能源电力两大方向。

新能源汽车的造车新势力在 2020 年迎来资本热潮。特斯拉 2023 年市值将超过 4 000 亿美元，蔚来、理想和小鹏汽车的市值也同样不低。这几年，政府大力推动了充电桩建设和车路协同建设。国家的各种补贴，吸引着人们对新能源汽车的消费，国内新能源汽车已经达到数百万台的保有量。新能源汽车产业链中游的零部件领域是我国优势最明显的领域，宁德时代就常居行业第一。我们团队天使投资的新能源汽车动力电池制造商孚能科技于 2020 年在科创板上市，它是公司全国软包电池龙头，2018 年、2019 年均是国内软包电池出货冠军。

本书讲的新能源电力，主要指氢能源。氢能源是一种终极清洁能源，长期来看具有非常大的增长潜力，到了 2030 年产值目标可能达到万亿元级别。国内氢能发展的趋势与其他国家相似，有着很大的增长空间。氢能源产业链包括制氢、储运和应用产业。有很多种方式和途径可以制氢；储运则包括了高温气态、低温液态和储氢材料储运 3 种方式；氢能的应用领域除了新能源汽车，还有国防、交通、能源等。在新能源汽车领域，氢燃料电池充电速度快，能弥补锂电池很多的不足。氢能源产业的投资机会主要有两个方面：一是高校在氢能源技术产业化的积累；二是国外的技术引进项目和海外人才回流创业。

新材料

新材料的范围太广，建议关注以下 3 类。

第一类是信息材料。它属于功能材料，是为实现信息探测、传输、存储、显示和处理等功能使用的材料，主要包括新的化合物半导体材料及新一代高温半导体材料。当前的研究热点有柔性晶体管、光子晶体等第三代半导体材料，以及各种纳米电子材料。

第二类是生物材料。生物材料是和生命系统结合，用以诊断、治疗或替换机体组织、器官或增进其功能的材料。按照材料的性质可以分为合金、陶瓷、高分子生物材料等。我就投资了一家高分子材料技术研发公司。基于高速 3D 打印技术，公司已经建成面向汽车、家电、医疗、消费等领域的智能云工厂。

第三类是新型钢铁材料。新型钢铁材料发展的重点是高性能、长寿命。我们当前就在考察一家位于湖南长沙的基于晶体冷流变技术的钢铁精密复杂成型先进制造企业。我的一位好朋友几年前投资后便一直紧密跟进这家企业，它目前收入和利润都进入高速增长阶段，估值较为合理。

平台驱动

平台驱动包含移动互联网、物联网和最新的元宇宙。

移动互联网

近 20 年，中国经济在互联网的推动下发生了天翻地覆的变化。中国从传统的制造大国跃升为互联网大国。特别是过去十几年，移动互联网的高速发展催生了多家超级平台型企业。

就像本章专栏中将提到的那样，互联网的每一个阶段都能迭代出新的服务体系和商业模式。移动互联网有一组关键词 SOLOMO，即社交化、位置化和移动化。其中，基于位置的移动互联网商业模式犹如雨后春笋，遍地开花。基于身份互联的移动互联网，在时空的二维上连接了世界，也渗透进生活的每个角落。

物联网

互联网和移动互联网终归是构建在数据上的，只靠它们会缺乏对真实世界数据的感知和处理能力。随着算力、半导体的进步，新材料、新能源等行业的高速发展，万物互联的物联网就登上了舞台。

物联网有很多好处和优势，此处不再一一赘述。它因为发展晚、对外部条件依赖强、数据协同难度大以及面对对象的复杂性，而拥有无限的未来可能。投资人可在低功耗传感器、数据平台、垂直行业数据解决方案等领域抓住大把的投资机会。

元宇宙

Metaverse（元宇宙）① 由 Meta 和 Verse 两个单词组成，Meta 表示超越，Verse 代表宇宙，合起来即为“超越宇宙”的概念。元宇宙是一个平行于现实世界运行的人造空间，可以说是未来 10 年继移动互联网之后的下一个同等分量的技术革命，它是由 AI、AR、VR、MR、3D、电子游戏等技术支持的虚拟现实的网络世界。

在 2021 年发布的元宇宙图谱中，老鹰基金早期投资的小签科技这样的新生代企业成功上榜。小签科技致力于提供全链路元宇宙实景服务的产品。它以“AR+AI”实景智能引擎切入户外或室内文旅场景，建立实景内容创作者平台，提供多种实景玩法（剧情、寻宝、导览等）的开放式创作工具，并开放商业平台，以实现价值变现。

我们在过去几年投资了多家人工智能、AR、VR 技术公司，没想到今

---

① 更多相关内容可参见元宇宙商业之父、知名早期风险投资基金 Epyl lionCo. 的管理合伙人马修·鲍尔（Matthew Ball）的著作《元宇宙改变一切》，书中给出了构建元宇宙的系统框架和行动路线，致力于帮助所有人受益于元宇宙时代。该书中文简体字版由湛庐引进、浙江教育出版社于 2022 年出版。——编者注

天来看居然是提前布局了元宇宙的早期投资。

2016 年投资的成都太虚 AR 是家 AR 开发引擎提供商，其产品基于单目摄像头，能在现有手持设备和各种智能眼镜上实现 Hololens[①] 的同步定位与即时定位和地图构建（SLAM），大大降低了高质量 AR 应用的门槛。我们在 2016 年投资的沉浸世界 VR 企业，专注于大空间多人互动 VR 技术和内容研发，通过 VR 大空间软硬件无线解决方案，玩家可以在百平方米的开阔游戏场地内中，无需负重实现 1∶1 空间的行走，感受 VR 视觉带来的实景深度体验。

数据驱动

数据驱动包括云计算、人工智能和新零售。

云计算

2019 年，亚马逊创始人杰夫·贝佐斯说：全球云计算市场规模将达万亿美元级别。云计算按照服务类型可分为 3 类，分别是基础设施即服务（infrastructure as a service, IaaS）、平台即服务（platform as a service, PaaS）和软件即服务（Softuare as a service, SaaS）。SaaS 大家最熟悉，比如在线办公、网盘等，而 IaaS 和 PaaS 主要面向企业或擅长开发程序的个人，它们可以帮助个人构建自己的业务系统，比如各种 App、小程序等。

“云计算”简单来说就是共享数据和算力。其中，数据可以包含所有的文档、音乐、游戏、短视频等虚拟产品。共享算力和数据最典型的应用，

① 微软 Hololens 全息眼镜，是微软推出的一款虚拟现实装置，为头戴式增强现实装置，通过图片影像和声音，让用户在家中就能进入全虚世界。——编者注

可以参考无人驾驶、人工智能。激光雷达和摄像头采集的大量数据，如果都要存储在汽车本体的硬盘，那无人驾驶汽车估计得装载一整车的扩容硬盘。所以，云计算是处理这些数据最便捷的方式。

实际上，云计算就是一种网络服务，它按使用量付费，且没有上限；它的单价便宜，但总量很惊人。所以掌握云计算市场的企业，比如微软，就经常超越苹果，成为全球市值最大的企业。

人工智能

人工智能的每个领域都有很大的商业机会。它最典型的头部企业有“AI 四小龙”，其中的商汤科技已通过香港交易所上市聆讯，2021 年在香港交易所主板上市，上市首日市值超过 1 400 亿港元。云从科技也已通过上海交易所聆讯，在科创板上市。

AI 技术与行业应用的融合深度在逐步增强，AI 赋能千行百业。AI 金融、交通、医疗、家居、安防等热门的细分赛道吸引了众多厂商及创业团队，行业渗透率在不断提升。据统计，2012 ～ 2022 年人工智能在一级市场的投融资事件共 5 475 起，披露融资总额超 8 288 亿元。

老鹰基金于 2013 年就对影谱科技进行了天使投资，现在已经是百亿元市值的人工智能独角兽企业。影谱科技作为 AI 视觉影像技术的领先代表，开创了 AI 智能影像生成技术引擎（automatic generated content，AGC）和 AI 数字孪生引擎（auto digital twin, ADT），全面构建了 AI 数字商业生态，并在文化、媒体、商业零售等多个行业中服务实体经济，实现了生产和服务流程的数字化、智能化。

新零售

自新零售的概念提出以来，就出现了两个十分有意思的现象：一是商业“新物种”大爆发，无人便利店、无人货架、智慧门店、“零售+餐饮”跨界模式等新型业态大量涌现；二是大量资本涌入新零售领域，使它成为继人工智能后的第二大风口。

我认为，新零售其实就是对人、货、场的重构。

为什么要重构？新零售到底是谁的新零售？我的看法是，新零售瞄准的是具有最大消费能力的2.5亿名新中产，而这些新中产追求的是有品质、有态度的生活方式。新零售的代表企业是盒马鲜生和超级物种。新零售有3大特点：

- 第一，消费升级，颜值更高，新零售的产品和门店设计精美，还有大量的吃喝玩乐门店，如喜茶、奈雪的茶。
- 第二，交易速度快，用户无须排长队买单，可自助支付和无感支付，也可以线上或者线下下单，商家直接送货到家。
- 第三，数字化和数据驱动，做到了人、货、场的数字化。这种零售方式能让厂家和商家对顾客进行全息画像，使用户画像精准到指定群体或个人。

老鹰基金在新零售的布局也非常早，那就是2013年投资上海趣拿。当时投它是因为其商业模式解决了好几个行业痛点问题，而且体验营销做得很好，可以通过消费者分享节省广告和宣传费用。这种营销模式能让用户变成客户，并最终成为忠实用户。

4 大赛道，软、硬、智、数

有了前面的介绍，我们就可以知道那 3 组驱动可以组装出很多架“超级跑车”，奔向很多条赛道。虽然现实中小赛道层出不穷，但其实万变不离其宗，来来去去都可以归为 4 大类——软赛道、硬赛道、智赛道和数赛道。

软赛道

软赛道主要包括软件和内容赛道。

软件是一系列计算机代码、数据和指令的集合，分为系统软件（底层操作系统）、应用软件和介于这两者之间的中间件。电脑程序相关的文档一般也被认为是软件的一部分。简单地说，软件就是程序加文档的集合体。过往 PC 时代[①]，微软和甲骨文（Oracle）就靠软件起家。互联网时代雅虎和谷歌靠搜索软件起家。移动互联网时代，智能手机承载着一个个与我们生活、工作和社交息息相关的移动应用 App：滴滴解决了出租车行业打车贵和打车难的问题；爱彼迎解决了自由行旅游者短租的问题，也解决了闲置的房子出租的问题。到了企业级服务市场，据统计，2022 年全球 SaaS 服务市场规模为 1 719 亿美元。

过去近 10 年，移动互联网创业最热门的有资讯（今日头条）、社交（微信）、电商（淘宝）、服务（美团点评）、出行（滴滴）、游戏（王者荣耀）、工具（猎豹）；这几年有音频（喜马拉雅）、知识（知乎）、时尚

① PC 时代就是电脑、平板、手机甚至智能电视等所有的 IT 设备都同时使用一个统一的操作系统的时代。如果以公元 2000 年作为科技史的一个分水岭，那么公元 2000 年之前可以称为 PC 时代。——编者注

（得物）、运动（Keep）、长视频（爱奇艺）、中视频（B 站）、短视频（抖音、快手）、直播（映客）。这些都是蕴含丰富机会的板块。

软件承载了大量的内容，而内容赛道的创业在移动互联网时代迎来了井喷。投资人在这个赛道要往后退一点，不要总想靠自己一人去改变世界，而要想着去帮助年轻人改变世界。现在是内容为王、知识为王和IP的年代，内容可以变现，知识可以变现，IP 更可以变现。

硬赛道

讲到硬赛道就得从科技的定义开始。黑科技是未来 20 ～ 30 年，甚至更长时间的技术积累才可能实现的技术，硬科技是 5 ～ 10 年内能实现的尖端科技，高科技是已经实现的科技。从广义来看，当代硬科技的 8 大领域——光电芯片、人工智能、航空航天、生物技术、新材料、新能源、智能制造、信息技术都是硬赛道。从创业和投资的角度看，这个赛道的创业者基本是具有产业经验的技术性人才，他们往往是各大院校专家、科学院专家和海归技术人才。

硬赛道的创业项目，往往软硬件结合，且大部分是创新型技术加产业资源、产业落地的创业项目。如果有政府的资源和政策的支持，比如人才引进、办公场地、生产厂房、专项资金、税收优惠等招商引资引人的政策，再加上资本的助力，这些项目就会很快落地。

我们种子基金就投资了一家硅光芯片的科技企业——国科光芯。这家企业主要解决硅光行业和激光雷达行业的痛点问题，方案是将包含发射、准直、扫描、滤波、接收、对准、耦合、探测等一系列复杂元件的激光雷达系统，集成于一颗硅光芯片，用成熟经济的 CMOS[①] 工艺进行加工，在实现很低成本的同时获得卓越性能。其创始人刘敬伟是中国科学院半导体研究所博士，后在京东方任职。由于项目技术起点高，投资之后就获得两轮融资，并被政府邀请到浙江海宁落地，还获得了新一轮融资和多项优惠政策的支持。

智赛道

智赛道就是智能化赛道的简称，是结合了前面软件智能化和硬件智能化的大赛道，再加上人工智能、大数据和物联网的技术，我们就能开创很多创新的商业模式。

前面我们提到，智能化影响着每一个人和各行各业，我们生活的每个角落都离不开智能化。一个企业如果没有智能的加持，我认为就不算是新经济企业。最典型的就是小米生态链。雷军就曾在直播视频中演示了包含客厅、厨房、卧室等智能家居的使用场景，这些设备彼此之间实现了互联，而且语音可控的智慧家居和智能生活使很多人对小米智能家居产品有了感性的认知。

2016 年我们投资了一家叫“停开心”的智慧停车项目，其创始人是我在香港中文大学的校友，也曾经是独角兽企业商汤科技创始人汤晓鸥的学生。“停开心”通过信息化建设和全托管运营模式获取了整个城市公共类停车资源 10 年以上的特许经营权，有足够的话语权，可引入充电桩、新能源汽车等新基建，打造“一城一网一平台”，做到“车—位—桩”充

① Complementary Metal Oxide Semiconductor，制造大规模集成电路芯片用的一种技术或用这种技术制造出来的芯片，用来存放数据。——编者注

电桩新能源汽车一体化。目前这个项目已经和20个城市有着合作，掌控着10万个车位资源，是直营停车场行业的第一名。这种市场份额足够大，而且在二、三线市场属于蓝海市场的项目，往往可以越做越大。这里要提一句，对于智赛道而言，二级市场也是不能忽视的。

数赛道

什么是数赛道呢？一切以大数据创业、数字化转型为核心的大赛道都是数赛道。全球知名的大数据独角兽企业 Palantir 就是典型的数赛道企业。Palantir 市值160亿美元，就连美国中央情报局也是他们的客户。

事实上，所有互联网企业理论上都是大数据企业。比如，阿里巴巴拥有最多最全的电商大数据，美团拥有最多的餐饮和外卖数据，滴滴出行拥有最多最全的车辆数据、打车数据，腾讯拥有最多的游戏玩家数据，抖音拥有最多的短视频用户数据。我们投资的怪兽充电有2.5亿名手机用户的数据。收钱吧拥有全国400多万家零售商户的收付款交易数据。趣拿有全国最多的快消品新品发行数据，可以帮助新品牌、新产品瞬间覆盖到全国几十个城市并促成销售转化。就连餐饮连锁企业，如果没有用户和点餐数据，都很难对食材采购、出品、人流做出相应的分析和应对。我们的微信、支付宝钱包的数据，也时刻在平台和银行的数据检测范围内。

现在的公司必须是数据驱动型公司，没有数据分析能力的企业会很快被历史淘汰。在数据化和数字经济的驱动下，传统产业有很多升级和转型的机会，比如塑料、钢铁、房地产、制造业等数字化比较慢的行业，它们的负责人其实也天天捧着手机看微信、刷抖音，也会被拉进很多微信群，看很多最新的科技信息；他们终归会把数字化转型的思维带进他们的企业。来不及转型的企业则会大举收购或战略投资其他创业项目——不仅仅是百度、阿里巴巴、腾讯、头条、美团、滴滴（这6家公司被合称为BATTMD）会出手并购数字化创业项目，后续会有更多的传统行业的“大佬”加速转型、投资和布局产业互联网和数字经济。

其实今天的科技、互联网和新消费投资，所有的赛道来来去去无非也就是本章介绍的这4大赛道，这也是我们要格外关注的方向。

我的投资
随想

10 S，互联网发展的前世今生

学习看天的第一步，首先要了解互联网的发展进程。互联网被称为第三次工业革命的“重头戏”。20 世纪 90 年代互联网的出现极大地促进了科技和信息技术的迭代，改变了人类信息交流方式，并催生了新的社交方式，颠覆了商品的推广和交易，还催生出万亿美元市值的恐龙级别的超级独角兽企业。过去的 30 年，互联网到底是怎么演变过来的？我尝试用最简单的方式把互联网的发展分为 10 个“S”发展阶段。

1. 信息（See）：国外最早的分页网站 Lycos 诞生于 1994 年，2000 年被西班牙网络集团（Terra Lycos Network）以 125 亿美元收购，之后，Lycos 很快就没落了。那时国外以雅虎、Lycos 为代表，国内以搜狐、新浪为代表的第一代互联网企业都曾风光过。

2. 搜索（Search）：1996 年微软发布了 Windows96 操作系统，其自带互联网浏览器 IE，推动了互联网的普及。更多的企业和个人开始基于 HTML 工具建立网页。网页和网民多了，搜索便成了刚需。2000 年前后的搜索网站五花八门，国外有 Infoseek、Inktomi、

Altavista、雅虎、谷歌，国内也出现了 Hao123、3721、百度、搜狗等网站。谷歌后来居上，它的崛起改变了整个搜索市场。曾经的头部搜索引擎雅虎后来业绩大幅下滑，不得不拍卖 3 000 余件专利。2016 年，美国电信巨头 Verizon 以 44.8 亿美元正式收购雅虎核心资产。2021 年 11 月初，雅虎中国正式关闭。

3. 销售（Sell）：上网的人多了，有人就想到可以开网店卖东西。美国的 Ebay 和亚马逊分别主导着 2C 的拍卖业务和电子商务的早期探索。B2B 电子商务的早期先行者有 Airba 和 Commerce One。我在 1999 年投资的太平洋商业网络有限公司（PacificNeT）可以说是当时全亚洲首屈一指的 B2B 电子商务公司：2000 年在纳斯达克上市，对标前两家电商巨头。

   2000 年后的 10 年里，中国出现过一些 2C 电商公司，如 8848，可惜出师未捷身先死，被阿里巴巴和京东这些后来的佼佼者超越。互联网是一个不断被否定、肯定、再否定、再肯定的过程。一开始大家说阿里巴巴搞不过亚马逊中国，马云使风向转变，互联网赢者通吃。马云靠"双宝"（淘宝和支付宝）建立自有的生态后，刘强东还有机会吗？京东从 360buy.com 迭代到 JD.com，虽然一直在烧钱，但都在不断刷新估值和融资金额的纪录。于是阿里巴巴不得不推出天猫迎战。再后来，人们说不可能再有第三家电商巨头了，结果细分领域唯品会、聚美优品、寺库等品牌立起来了。最后，人们以为拼多多杀到农村应该是终级巨头了，没想到快手、抖音等直播电商平台又出现了，市值还一个比一个高。这就是互联网的魅力——只有想不到，没有做不到。

4. 分享（Share）：随着宽带技术的普及，网民开始增多，人们的上网习惯开始改变：从被动看内容变主动产生内容；开始吐槽分享、发表自己的看法；众多博客、论坛和网络社区开始出现。博客一词来源于英文 Blogger，中国最早的独立博客门户是 2002 年成立的博客网。后来各大门户也相继追赶潮流，推出博客页面。我也在 2003 年于新浪开通了第一个网络博客并发表了不少文章，有兴趣的读者可以找来看看。

5. 流媒体（Streaming）：随着互联网网速的加快，人们不甘于只看文字和图片，提供流媒体音乐和视频内容形成新的风口。国外有 YouTube，国内有土豆、优酷、酷 6、乐视、幻灯片 V、暴风影音等视频网站。紧接着几乎所有互联网巨头都出手了，比如爱奇艺、腾讯视频、新浪视频、搜狐视频。连主流电视台都纷纷效仿，开设了自有的互联网视频网站，最受欢迎的有湖南卫视的芒果 TV，当然还有央视的央视网。

6. 服务（Service）：中国最早开始专注本地生活服务的网站 58 同城，其创始人姚劲波是我在亚杰商会同期担任创业导师和评委的好朋友，他也是亚杰商会的早期学员。58 同城定位于本地社区及免费分类信息服务，目的是帮助人们解决生活和工作中遇到的难题。我的两位 VC 圈好朋友，赛富投资基金的阎炎和羊东就是靠投资盛大游戏和 58 同城奠定了地位。另一家和 58 同城同时于 2005 年创办的本地生活网站赶集网，其创始人杨浩涌也是我朋友。

除了 58 同城和赶集网，可以用服务来形容这个阶段的互联网代表性商业模式的还有大众点评、美团等本地生活服务提供商。互联网烧钱抢客户的模式，在本地生活这个赛道尤其激烈。到了最后，58 同城和赶集网宣告合并，美团和大众点评也终于握手言和，因为烧到最后是“双输”，合并之后才能“双赢”。“1+1 > 2”永远是硬道理，有时候太年轻的创业者就想不清楚这个道理。要坚持创业是对的，但是做企业时还要理性，要会算账，当公司和业务越来越大、股东越来越强时，就要学会顾全大局，一切以公司和股东利益最大化为前提，不要任性，要动态评估哪条出路对公司最好，果断决策。

7. 社交（Social）：人是社交的动物，在互联网世界也一样，有了人就会有社交。随着网民人数的增加，互联网社交的方式也在不断地变化和迭代。1995 年，Classmates 建立，目的是联系失散多年的老同学。1998 年的在线日记社区 Open Diary，首次实现评论回复功能。2001 年成立的 Meetup 网站，本来是线下交友网站，没想到“9·11”事件后成为当时最火的线上寻人和交友网站。2002～2003 年 Friendster 和领英先后上线，后者开拓了商务社交，前者开创了通过个人主页进行交友的先河。2004 年 Facebook 和 flickr 先后上线，专注图片社交的后者后来被卖给了雅虎。2006 年 Twitter 成立，首创限制 140 字以内的分享，其方便的交流工具属性使它成为强大的自媒体平台。2010 年之后，基于 SoLoMo 概念的社交 App 层出不穷。陌陌在美国的竞品 Tinder，于 2012 年上线后就在两个月内匹配了 100 万对异性交友，顿时成为热点。

除了社交网站，还不得不提到聊天工具。1996 年，3 位以色列人创办了 ICQ，该软件支持文字、语音和视频会议等功能。1999 年，微软和雅虎很快就跟进，分别推出 MSN 和雅虎通。

中国的早期婚恋网站有 2003 年上线的世纪佳缘和 2005 年上线的百合网，代表年轻人的社交网站有王兴和王慧文于 2005 年创办的人人网和 2008 年上线的开心网。2007 年王兴继而创办国内第一个效仿 Twiffer 的自媒体社交软件饭否。2009 年之后新浪和腾讯相继推出微博，饭否一度被关停。2011 年，雷军在创办小米手机的同时，还做了一款移动互联网社交工具米聊。很可惜，张小龙的微信迅速占领了市场。

8. 智能化（Smart）：移动互联网的下一波科技浪潮是什么？我认为，答案是物联网。物联网即“万物相连的互联网”，是一个无限延伸和扩展的互联网络，它可将各种信息传感设备与网络结合起来，实现任何时间、地点，人、机、物的互联互通，大量的数据进入云端，实现实时的数据化计算和精准分析。谷歌在 2012 年前后投资 170 亿美元布局谷歌智能眼镜、收购 Nest 智能家居企业，开启了智能化时代。小米在 2013 年也开始布局小米生态链战略，投资不控股，孵化了做耳机的万魔声学、做手环的华米、做大家电的云米、做平衡车的纳恩博，借此形成三个圈层：手机周边、智能硬件、生活耗材。我们也投资了米家智能对讲机、叮咛智能门铃等小米生态链企业。到 2020 年，小米累计投资 300 多家企业。智能化分硬件智能化和软件智能化。互联网本质上改变了信息传递的方式和速度，继而改变人们的生活方式，但是它对事物的本质没有做出改变。比如说互联网订餐虽变得更加方便快捷，却没有对食材和食品制作过程进行什么实质改进。智能化就不一样了，想象空间就大很多。

硬件智能化比较具象。诺基亚因为智能手机的落后倒在了移动互联网时代，苹果接棒开启了智能硬件的时代，继而是 Jawbone 的智能手环，Garmin 的智能手表、智能音箱、智能办公、无人机、机器人、自动驾驶……移动互联网和智能化已经和我们的日常生活息息相关，我们可以用一句话来概括：智能一切。

软件智能化比较抽象。简单来说，它的基础是云计算和大数据，只有足够的数据积累才能让软件准确度更高，算力更精准，更符合我们的智能化需要。软件智能化比较突出的产品是 Siri、微软小冰、百度小度、小米小爱等，早期的科大讯飞和小 i 机器人可以算是我国软件智能化的领跑者。

9. 细分（Segmentation）：互联网第九个 S 的阶段，我认为用“Segmentation”做关键词最恰当。因为有了移动互联网、物联网和智能化，互联网的入口越来越细致和精准，比如智能硬件、智能家居、智能办公、AR、VR、自动驾驶、无人机等，真正的创业者就是每一个领域的专家。

10. 超级计算（Super Computing）：有了实时的、各行各业的大量数据，再加上不断升级的半导体技术和生产能力，计算机的能力得到迅猛提升，使超级计算成为可能。人类进入数字经济时代，数据驱动型企业成为现代化企业的标配。第十个 S 也可以用数字经济第一个字“数”的汉语拼音来理解，即以量子计算与人工智能和元宇宙为首的大数据、云计算、区块链、物联网几大技术趋势来带动所有行业的产业升级，包括新一代信息技术、新材料、智能制造、智能交通、智慧医疗、智慧安防、智慧城市、航空航天等领域。

未来有没有互联网的第十一个 S？我相信肯定有。也许 10 年之后，我们今天想象不到的技术和名词将极大程度地改变着我们的生活。我们没有办法预知未来，但是可以科学地进行天使投资，学会从不同高度和维度去看天、看创业赛道，通过不断地投资生意奇才、经营奇才和创新奇才，去发现和预知未来。将未来握在手中，才是拥抱未来的正确姿势。

我的投资
随想

“1234 法则”与 AIGC 投资机会分析

2023 年前后，由 OpenAI 推出的 ChatGPT 掀起了新一波前所未有的人工智能 AIGC① 创业和投资热潮——ChatGPT 在短短一个月内吸引了上亿用户注册并使用。根据量子位智库的行业研究报告，预计到 2030 年，我国 AIGC 市场规模将超过万亿元。天眼查 2023 年上半年的数据显示，国内 AIGC 行业融资近 50 次，融资总额约为 50 亿元。其实从 2021 年年底开始，AIGC 在技术圈和投资圈就引起了不小的关注，那时一些早期投资机构就已提前布局。在 2023 年的前几个月，我的“朋友圈”几乎每天都被 AIGC、ChatGPT 相关信息刷屏，多位“行业大咖”，包括比尔·盖茨、黄仁勋、马化腾、李彦宏、李开复等，对通用人工智能发表重磅观点，有的观点甚至已经将人工智能上升到新的工业革命的高度。

AI 和互联网的异同

我们从本书中互联网“10 个 S”的发展历程了解到，在过去的 20

① AI Generated Content，是一种利用 AI 技术自动生成内容的新型生产方式。AI 绘画、AI 写作等都属于 AIGC 的分支。——编者注

多年里，互联网的核心价值是“连接信息”，但 AI 的核心价值是“理解信息”。比如，我们想要找一本书，通过互联网的搜索引擎获得的点评信息和电商详情页面可以帮助我们实现这个想法。AI 则可以快速地详细阅读这本书和同类书，并进行思考、总结、提炼，从而回答我们提出的问题。两者都有重要意义，但是后者是一种跨越式的进步。奇绩创坛的创始人陆奇说过，谷歌的价值是把信息获取的边际成本降为 0，ChatGPT 的价值是把知识获取的边际成本降为 0，这是互联网和 AI 的价值差异。我们可以想象一下，在未来，知识获取成本越来越低，可能一个人有个 AI 智能助理就能满足日常所需，甚至不必掌握太多基础知识，那么，通识教育课程是否还有存在的意义和价值？

这一次的通用人工智能（AGI）和之前的人工智能风口到底有什么不同？早在 2016 年，谷歌发布的 AlphaGo 战胜了世界围棋冠军李世石，那一场人机大战催化和加速了全球人工智能创业投资风口的出现。“AI 四小龙”也是从那时开始获得多轮次、大金额的资本加持。但是，我们必须看到一个事实，那就是在前两次的人工智能热潮中，大多数创业公司和独角兽都停留在技术研发和产品化的阶段，真正实现商业化并落地的凤毛麟角。在云从科技刚刚发布的财报中可以看到，2023 年，其上半年收入只有 1.5 亿元，亏损金额却相当高。

回到现在的 AIGC，以 ChatGPT 为例，它可以被视为一个学习能力卓越、数据输入和分析能力极强的聊天机器人。关于 GPT 目前大概有两种发展方向。一种是以大模型为主导的“百模大战”，比如百度的“文心一言”、阿里的“通义千问”、科大讯飞的“讯飞星火认知大模型”、美团收购的王慧文的“光年之外”，还有王小川的“百川智能”等 80 多个 10 亿级参数规模以上的大模型。业界人士的共识是：模型层是“大玩家”的游戏。另一种是基于应用层的创业——在目前的大环境下，作为投资人应该瞄准哪几个赛道？

事实上，AIGC 在中国已经存在很多年了，2013 年我们进行天使投资的 AI 创业公司影谱科技就于 2016 年率先推出了 AGC 智能影像自动生产解决方案，在“2022 年 AIGC 创新 Top30”排行榜中排名也很靠前。早在 2013 年，他们已经利用 AI 技术生成原生视频广告，到 2018 年也最早发布了 AI 数字孪生技术和产品，这些其实都跟 AIGC 紧密相关。

AIGC 的 1234 投资法则

老鹰基金有“天使投资 1234 法则”，我也经常把“1234 法则”应用到不同的赛道中去。套用到 AIGC 和 ChatGPT 上，“1”可以叫“一大升级”。马化腾说 ChatGPT 是一次新的工业革命，我认为还有待时间的检验。“2”指的是两个模型，一个是大模型，另一个是多模态，它们是随着 AIGC 技术与应用的演化迭代出现的。大模型就是基于 ChatGPT 机制建立的 AI 预训练数据模型；而多模态指的是能够执行多种跨模态任务的 AI 算法，多模态下的生成任务包括自动输出混合了图、文、视频的展示内容。“3”是指三大核心，即大数据、大算力和大算法，最早对 AI 的定义和基础技术就是“基于大数据的深度学习”。AIGC 的发展对大算力的需求呈现爆发式扩张，所以在算力基础设施领域有确定性的投资机会，这部分在二级市场反应最灵敏。2023 年上半年，英伟达股价从 123 美元 / 股一路飙升至 464 美元 / 股，国内的寒武纪、中科曙光等算力基础设施领域的 AI 公司股价也表现得十分坚挺。

投资 AIGC 相关项目，我们要瞄准那些真正懂算法算力及机器学习的顶尖 AI 人才。创业者都很关心 ChatGPT 能为我们的创业指明什么方向，能带来什么创业机会，这就到了我们要讲的“1234 法则”里面的“4”，也就是四大赛道了。第一个赛道，信息安全，比如版权信息安全；第二个赛道，数据捕捉领域值得关注，比如智能感知和 AI 标注，这个在自动驾驶领域的应用很广；第三个赛道是 AIGC 和 Wed3.0 的结合，越来越多的 Wed3.0 创业项目加入了 AIGC 的应用场景，如气车游、元宇宙建造；第四个赛道可以叫模型简化和算法的优化，基于大模型的小模型应用。我们在几年前种子投资的 AI 数据标注企业星尘数据，通过自己搭建的数据标注平台，赋予 AI 理解世界的能力。他们的目标是让 AI 拥有人类般的思维和逻辑，甚至人们可以塑造 AI 的价值观，使其明辨善恶，这样可以保证其输出内容优质且健康，最终通往 AGI。2023 年 6 月，星尘数据发布了 COSMO 大模型中文数据金字塔解决方案，以 4 层金字塔式数据结构，全方位提升模型性能。我的好朋友李竹的英诺天使基金也投资了星尘数据的下一轮，以及国内的大模型 AI 企业深言科技，后来这家企业获得红杉资本的投资。

创投圈最近比较关注“AI for Science”。它的想象空间非常大，特别是在硬科技领域，比如商业航天、军舰设计和建筑设计方面，借助新的算力，AI 的高效算法可以替代顶级科学家的计算和求解能力，以前需要 3 个月才能计算出来的结果，AI 可能 3 天就能完成。但是，ChatGPT 在自动驾驶应用方面所面临的挑战会比较大，因为自动驾驶对错误的容忍度极低。和 AI 机器人聊天时，它发出无效甚至有误的信息关系不大，但是在高速行驶的道路上，哪怕是千分之一的错误，都会埋下巨大的安全隐患。

综上所述，AIGC 是一个长期的机会，未来我们将会看到 AI 如毛细血管般深入各个行业的应用场景。我的朋友九合创投创始人王啸表示，当新一波 AI 浪潮来临时，ChatGPT 等应用快速普及的背后是以智能涌现[①]为代表的新一代 AI 能力的发展。他认为，从现在开始，不论工作还是创业，最好能确保自己的事业跟 AI 有关。

① 当 AI 大模型的规模超过 600 亿参数时，它们将展现前所未有的新能力，这种“顿悟”就是智能涌现。——编者注

从天使投资的角度看，创业者应该怎么办？普通人应该如何面对？如果你是会计、客户服务或旅游行业的从业者，的确很有可能会被 AI 替代，因此必须去学习新的技能。如果你是创意领域的人才，但还在沿用传统的方式去产出，也可能会输给别人，因为别的艺术家、作家会利用 GPT 来提升效率，为他们的创作赋能，竞争力自然就会提升。所以，从某种角度来说，其实大家起点是一样的，任何新的工具对所有人都是公平的，就看我们是否愿意去拥抱新事物。

目前的人工智能可能还不太会思考，但它学习能力和记忆力都很强，从这一点来看，我们需要通过交互逐渐把它们变成我们的得力工具。甚至未来我们是不是有可能把它私有化？再大胆一点，未来也可能一个人就能开一家公司，因为到时候会有很多垂直细分行业的人工智能助手去完成日常工作，人们就可以很从容地做很多别的事情。这一切的想象空间是非常大的。

AGI 在什么情况下会被普及？简单来说，当机器掌握语言时，AGI 时代就已开启。马化腾说："起初我们以为这是互联网 10 年不遇的机会，但是越想越觉得这是几百年不遇，类似工业革命一样的机会。"第二次工业革命是 19 世纪的电气化工业革命，20 世纪的第三次工业革命以互联网和信息革命为代表。我希望 21 世纪的工业革命如比尔·盖茨所说的那样："人工智能时代已经开启，人工智能与移动电话互联网一样具有革命性的影响。"经过大半年的深思熟虑，我们计划在近期发起一支专注于 AIGC 创业投资的早期基金，我们也储备了大量的优质创业项目，欢迎大家一起来聊聊合作。让我们一起来拥抱变化，投入新的科技浪潮！

ANGEL
INVESTING

第 8 章

步骤 3，看模式 1234 法则

本章将分享科学天使投资如何落地，以及什么才是创业项目最好的商业模式和盈利模式。

看模式主要看什么呢？我认为主要看两点：商业模式和盈利模式。在移动互联网领域创业，手机应用商店的出现使获客门槛变低、渠道链条缩短，因为手机应用商店里的应用可以触达全国甚至全世界的智能手机用户，而这背后的逻辑就是商业模式。所以，不同的商业模式，会对项目未来的企业规模和估值产生天差地别的影响。基于移动互联网的服务绝大部分都是免费的，所以要赚钱就只能曲线救国。

我投资的极客移动的主要业务是做文件管理工具，创业 5 年来已有 1 亿多的用户。虽然用户量级很大，但是估值却没有我想象中的高。墨迹天气 2010 年创业，现在全球已有超过 5 亿用户。虽然用户量很大，但是因为盈利模式太单一、用户每天打开应用的次数和停留的时间有限，所以变现能力较差，至今尚未上市。与之相对应，滴滴出行于 2012 年创业，4 年后就拥有 3 亿用户，上市之初市值一度达到 800 亿美元。为什么相比以上 3 款工具软件，滴滴发展这么迅猛？因为出行用车是用户的刚需，消费频次高。这些软件开始的获客策略都是免费服务，但是由于定位的市场蛋糕和商业模式不一样，虽然同时起跑，估值差距却很大。

所以，商业模式非常重要。商业模式跟产品的关系就像是枪跟子弹的关系，好的商业模式一定要匹配好的产品，而好的产品来自创始人的创意和初心。创始人的创意和初心就是企业的愿景。愿景其实就是一个梦想，梦想能不能最后成真，就要看创意有多好、产品有多创新、愿景有多宏大，以及商业模式是否可以落地。

1 个愿景，创业者的愿景和使命很重要

我们做早期投资，每天都要看很多项目，有时候连中午吃着盒饭都还要听项目。所以，我们一般不会给创始人太长时间讲幻灯片，而是要求创始人讲重点："用一句话讲清楚，公司的愿景是什么？创业的初心的什么？你的核心价值是什么？"那些世界级的科技公司都有一句很鲜明的愿景，比如苹果公司的愿景是"让每人拥有一台计算机"，谷歌的愿景是"管理全世界的信息"。可见，世界级的、伟大的愿景造就了世界级的、伟大的企业。

阿里巴巴从创业之初到现在一直在讲"让天下没有难做的生意"，即帮助中小企业在互联网上做生意。多年来，不管是淘宝、支付宝、天猫，还是菜鸟，都围绕着"做生意"这 3 个字在运营。小米讲求"让每个人都能享受科技的乐趣"，它早期的迅速崛起和粉丝们的积极参与、产品的迅

速迭代是分不开的。拼多多也因为“帮助农民赚更多钱，消费者省更多”发展飞快，创业 3 年多便在美股上市，市值最高达到 2 300 亿美元。美团的愿景是“把世界送到消费者手中”，这个“送”，驱动着美团外卖、美团单车、美团打车、快驴买菜几大核心业务创造出今日辉煌。一句与时俱进的企业愿景对驱动一家企业核心业务的发展有多么重要！我们老鹰基金也有一句愿景“做 1 000 个梦想的天使”。我们计划用 30 年时间，帮助 1 000 位创业奇才成就梦想。我们的明星企业“收钱吧”，愿景是“打造智慧的商业”，用网络和数据的力量帮助线下商家经营生意。

一个创业者想得有多远很重要。百度当年起步时搜索引擎市场还很小，但是创始人能做这片市场，就是因为他想得足够远：从 20 年前的 PC 端到 10 年前的移动端，再到未来的元宇宙，搜索引擎都是互联网的重要入口。企业愿景就是企业的魂，会驱动着业务的发展，所以企业愿景一定要简单并且具有前瞻性。

2 块蛋糕，市场蛋糕与项目蛋糕

市场蛋糕

市场越大，蛋糕越大，大家可以分割的小蛋糕也越大。评估市场蛋糕的大小要看存量有多大、未来增量多大、进入市场的时机这 3 个方面。

市场蛋糕多大才算足够大？中国目前是全球第二大经济体，2020 年国内生产总值首次超过 100 万亿元。那么创业项目所针对的市场大蛋糕定义是什么？不是国内的整个行业，因为整个行业规模都是万亿级别：零售市场总规模近 40 万亿元、汽车工业总产值近 8 万亿元，康养行业 8.6 万亿元，家电行业 8 000 多亿元……比如电商市场规模已超 10 万亿元，所以最大的几个电商平台都是几千亿元、几万亿元的市值；而电商的细分领域也有很多百亿、千亿元的市场规模，这些细分领域带来了巨大的创业机会，所以有前仆后继的创业浪潮。电商的细分商业机会有垂直电商、品牌电商、移动电商、社交电商、跨境电商，当然还有直播电商。2020 年全国直播电商的市场规模已经高达 1.2 万亿元。

比如，一个物联网设备众包服务平台不能将全国物联网行业算作公司的目标市场大蛋糕，因为整个物联网行业还可细分为系统、硬件、软件、网络通信、安装集成、运维服务等多个板块。这个众包服务平台针对的是安装和运维两个细分领域，所以市场大蛋糕是这两个细分领域的 2 000 多亿元。那么我们就开始推敲，公司能切的小蛋糕到底有多大？按照头部企业至少占 10% 份额的逻辑，则相应的头部企业至少有 200 亿元的产值。不算整体市场每年的增长，该公司的商业计划书写着 5 年后公司小蛋糕能做到接近 200 亿元的产值，乘以两倍市销率，那么这个公司的估值就是 400 亿元了。如商业计划书里面预测公司再过一年的有收入 2 亿元，估值 1.5 亿元，那么尽调合格的话，将估值谈到 1 亿元，就预期有 400 倍的升值——最保守估计也有 40 倍升值。看懂了风险投资，并从中赚到钱后，你还有兴趣做别的投资吗？

市场需要量化，创业者要能明确知道用户群，将用户数量乘以人均消费，就可得出市场规模了。关于市场蛋糕，你要注意如下问题：

- 现在或未来的市场规模能否达到千亿元以上？
- 如果项目针对红海市场，团队背景和运营能力怎样？
- 如果项目针对蓝海市场，产品和模式的创新点和市场增长潜力怎样？
- 进入市场的时机对不对？
- 新技术的出现对增量市场有哪些影响？

回答好以上问题，你也就对这个项目有了更深刻的理解。

项目蛋糕

你能在市场大蛋糕里切出多大的份额？假设旅游是个 5 万亿元级别的大市场，线下已经有大大小小的文旅集团、旅行社、景区、出行等企业；线上的入口早就经历多次并购整合，形成几大头部品牌，如携程、去哪儿、飞猪等。已有的知名企业都在这个大蛋糕里切走了一大块，剩下的蛋糕其实很小——新入局者先要想办法把这块小蛋糕重新做大。美团就通过强大的地推和组合拳，使旅游板块进入前三名。境外中文包车旅游平台“皇包车旅行”则通过搭建 C2C① 平台，给出境游客提供深度游体验，把出境游这块小蛋糕做大，拿到了 5 000 万美元的 C 轮融资。

项目蛋糕主要看项目的发展目标：是打算做一个赚钱的买卖，还是建立一个多大的事业，是否有机会成为这个细分市场的头部企业。想科学地进行天使投资，就至少要找行业的前两名。因为从估值的角度看，在一个潜在千亿元规模的市场里，第一、第二名很有机会是独角兽公司（10 亿美元以上），第三、第四名则可能到不了 A 轮融资就走不下去了。

要去预测未来增量市场的蛋糕，但行业研究报告不能作为决策的主要依据。天使投资人如何判断一个项目蛋糕未来能做多大？我们的经验是：一看市场蛋糕的成长性，二看市场蛋糕接受创新的包容性，三看国家是否已经或即将出台利好政策，四看这个项目是否能快速复制到更多的区域市场。传统企业，在县里做、在省里做和在全国做的天花板高度是不一样的。

① Consumer to Consumer 的缩写，即消费者与消费者之间的商业模式。在 C2C 模式中，电子交易平台供应商起着举重若轻的作用。——编者注

在互联网企业里，做一个小而美的产品、做个工具或做个平台的起点，也是不一样的。不过，如果没有基础，一上来就说要做个平台，是不会有人相信的。

关于项目蛋糕，要注意如下问题：

- 项目国内竞品和国内外较大的对标企业是什么？
- 项目在同类领域里的排名怎样？
- 项目目前的市场地位与未来市场份额目标是什么？

3 大核心，产品与用户、商业模式与盈利模式、门槛与竞争

产品与用户

互联网和科技的创业项目，往往从一个创意开始，这个创意可能是创业者偶然发现的，比如牛顿就从树上掉下来的苹果想到了万有引力；而这个创意要想成功，就必须能解决广大用户的代表性痛点问题。比如美国的优步是针对打车难、价格不一等问题，因共享经济趋势下的行业变革，同样的“痛点”在全世界出租车行业都存在。中国最早的专车平台之一是我的好友周航做的易到用车，后来有大黄蜂、快的和滴滴，当然还有“e 代驾”和源渡创投的戴建春投资的爱代驾。美图秀秀则是针对用户在社交网络分享的照片而创建的软件工具，对标国外的 Pinterest、Instagram。美图秀秀名字起得好，产品迭代也快，凭着先发优势积累了大量的用户，遥遥领先对手。资深天使投资人蔡文胜从天使投资人一路追加投资成了大股东，并出任董事长。美图秀秀于 2016 年在中国香港上市，是当年创新工场的明星退出案例。美图秀秀上市时最高市值达千亿港元，按 6 亿名用户估算，单个用户价值达 20 美元。

所以产品和用户是分不开的，解决的用户痛点问题要越“痛”越好；产品的功能要满足用户需求，需求越大，消费频次越高，最好让用户每天打开软件的次数不止一次，如用户在微信和抖音上的时长是以小时计算的，这就是在计量频次的表现。很多创业者站在自己的角度想刚需和痛点，但这样的刚需和痛点其实没有代表性，这会使得产品用户基础太窄，没过几个月公司就要转型。

品牌按用户可分 2B 或 2C 两种模式。前几年大家都投 2C 的产品，认为这种模式复制和可扩充性强。但是，2C 市场竞争太激烈，获取流量成本也高，一些品牌电商在淘宝天猫的直通车做推广，获取单个用户的成本甚至会超过 200 元，如果这个品牌的客单价低，则肯定要亏大钱。近几年大家开始关注 2B 市场，很多细分行业的企业级 SaaS 软件被资本追捧，如纷享销客、销售易等。所以，在资本市场，其实是几年河东、几年河西的。

如果从创业和创新的角度来说明产品与用户的关系，那就是，创业是从产品开始做一家企业，创新就是立足于解决用户的问题去改变世界。你能解决用户的问题，就能给用户带来价值，你的商业模式就成立。你解决用户的问题越多，你的创新就越有价值。看项目时，投资人可问这些关于产品与用户的几个问题：

- 产品的 3 个亮点是什么？
- 产品的目标用户是谁？如何找到他们？
- 产品解决用户的什么痛点问题？这些痛点有多痛？
- 产品给用户带来什么价值？能转化成什么商业价值？

有了商业价值，项目商业逻辑成立，商业模式与盈利模式自然就出来了。

商业模式与盈利模式

什么是商业模式?

商业模式就是一家企业能够长期存活下来的经营模式。企业应找到自己的商业模式，而且要避免商业模式同质化，因为同质化的企业迟早会被淘汰。互联网企业更要强调差异化。就拿大众点评和美团来说，它们便是几千家同类型创业项目拼杀后，最终剩下的两家巨头，后来两家公司在资本的撮合下走向合并，以“一统天下”。

在互联网细分领域里，第一名的价值远超后面几名加起来的总和，想要活下去，就要做第一。那么，头部企业之间又是如何共存的呢？举个例子，百度、阿里巴巴、腾讯（也就是我们常说的 BAT）为什么可以共存?因为大家的核心商业模式都不一样：百度是技术和搜索基因，阿里巴巴是商业和电商基因，腾讯是社交和游戏基因。正是因为他们之间存在这差异化的商业模式，所以他们无法轻易相互替代。

接下来，我们来聊一聊什么是盈利模式。盈利模式是关于赚谁的钱，什么时候开始赚钱的。一个新的发明，新的软件、硬件，形成一个产品，肯定需要经过不同的渠道和媒介，找到产品的精准用户和付费客户，一定要在每一个环节都能创造出价值，让每一位参与者都受益、赚到钱，这样的模式就是一个好的盈利模式。盈利模式可以很传统和实在，比如你要开一个餐饮连锁店，将它发展成独角兽企业或上市公司，像海底捞、奈雪的茶。盈利模式也可以很虚拟，你可以只卖一项服务，比如只靠保险产品就可以支撑起一家巨无霸企业和雇用上万员工的保险经纪公司。常见的良性盈利模式可分为以下 3 种。

第一种是免费经济模式。移动互联网的很多项目一开始是免费的。为什么可以免费？因为产品开发成本是固定的，消费者基数越大，摊到每个用户身上的成本就越可以忽略不计。此外，免费的软件也更易传播开来。阶段性的免费为的是获得用户心智①。企业想活下去，就要有营收。但这种企业该怎么收费、什么时候收费呢？苹果的 iCloud 是这样做的：每一位 iCloud 用户都可以免费使用 5GB 的内存，免费的 5GB 内存满了之后，iCloud 就会停止同步上传功能，这时候，用户为了备份数据，就不得不付费升级。所以，前期先免费的商业模式就是在领先占领用户的心智，培养用户的习惯，当用户习惯之后，再采用付费的策略。

第二种是互联网收费模式。早期的互联网收费模式有好几类：第一类是前置收费，如付费下载、游戏充值、点播、包月等；第二类是增值服务，像 QQ 空间的收费增值服务；第三类是后置收费，即向使用企业或单位收费，它还包括其他衍生收费；第四类是“前置 + 后置 + 衍生 + 硬件”收费。美团点评、携程等平台企业，过去靠打价格战、送补贴去拉用户，把别人打下去之后开始拉高佣金的收费方式，就属于后置收费。现在很多酒店、客栈超过 50% 的客流都更依赖于这两个平台，获客成本超过 25%。

第三种是金融相关的收费模式。金融收费模式有金融借贷、账期、沉淀资金、资金池等，相关的主要产品有蚂蚁金服、京东金服、拉卡拉（借贷）、共享单车、共享充电（沉淀资金）、拍拍贷（资金池）等。手机支付入口绝对是个躺着赚钱的买卖。为什么腾讯和阿里巴巴一直“烧钱”在各行各业抢夺支付入口？因为它是占领用户心智模式的一种方式。

还有一种不良的盈利模式叫“杀猪盘”，它是裁判下场踢球的一种盈利模式。假设某电商平台先提供让商家入驻售卖产品的平台，表面上，它

---

① 指用户心中对品牌、产品的认知，消费行为会受到这些认知的影响。——编者注

会导入一些流量让商家赚钱，但是实际上，它是在搜集商家的产品、价格、浏览量、销量等大数据。之后，这个平台会通过用户数据进行“严选”，找出比较容易赚钱的商品后，直接开自营店卖这些商品来与第三方卖家竞争。因为流量在平台自己手里，所以第三方卖家肯定比不过自营店。有时候，为了完成指标，这个平台还会找些理由随意封禁第三方卖家。这种平台的盈利模式就是杀猪盘。其实这种现象在传统线下卖场也屡见不鲜。很多流量足够的超市都有自有品牌，它会将其摆在足够显眼的地方，在这种情况下，第三方商家很难盈利。

所以，在看项目的时候，在商业模式与盈利模式方面，你要尤其关注以下这几点。

- 用户数据：下载量、激活量、增长数、留存率、日活跃用户数量（daily active user, DAU）、月活跃用户数量（monthly active user, MAU）、付费率、用户平均收入（average revenue per user, ARPU）等数据。
- 业务模式：模式的逻辑是 2B 还是 2C？它做的是内容、工具、社区，还是平台？
- 交易模式：向谁收费？什么时候收费？客单价多少？复购率多少？
- 盈亏点：项目达到盈亏点的必要条件、经营规模和需要的时间如何？（同时要注意公司是否能生存到那个时候）

门槛与竞争

每一个细分行业，如果进入门槛不高，就算开始只有一两家公司在做，很快也会有无数家同类公司蜂拥而入。市场蛋糕就这么大，同行多了，自然不够分。所以，每次跟创业者沟通项目的时候，我都会问：项目的门槛在哪儿？

什么是门槛？先发优势是不是门槛？团队很牛算不算门槛？发明和专利是不是门槛？其实门槛与核心竞争力是相辅相成的：门槛主要是进入该行业的难度，门槛高了，别人就不容易跨进来了；核心竞争力则可以回答“为什么从市场中胜出的是你”这个问题，它是一种不可被代替的能力。

那怎么建立你的核心竞争优势呢？在我看来有两点。第一是评估核心竞争力的可持续性，即问自己：这个门槛能有效长期阻止竞争对手进来吗？先发优势肯定不是门槛，就算你比别人早一年半载做这个产品，人家投入几倍的资金、多请一些人，就能够很快超过你。第二是被山寨和复制的难度。传统企业的核心竞争力是多年沉淀下来的。举例来说，麦当劳的运营手册里对所有的选址、出品和服务的流程化标准都是从多年经营经验中积累和总结下来的。就算你在对面开一家和他一模一样的餐厅，或者开一家更豪华、设计更好看的餐厅，你能管理得一样好吗？没有这些多年积累的标准化流程，店面一多，管理就容易出差错。

科技企业的门槛肯定是技术、发明和专利，但是现实是，专利往往不一定能得到有效保护，打官司又花钱、又耗时，而没有专利的企业可能连投资都拿不到。所以，投资科技和互联网企业时一定要进行 IP 和技术专利的尽职调查和评估工作，因为有些创业公司为了融资，会特地去买一些专利和软件著作权来包装自己。

除了技术、发明和专利，产品也是构建核心竞争力最重要的因素之一，因为产品是连接你与用户的第一架桥梁。界面好看、使用方便简单、更新迭代快、没有杂乱的广告弹窗才是一个好产品，才能给用户带来好的体验。

所以看项目的时候，关于门槛与竞争核心，要多问这些问题：

- 项目的门槛是什么？该门槛有多高？
- 如何建立和加高项目门槛？
- 项目的直接和潜在的竞争对手是谁？国外有没有对标企业？
- 项目与竞品的差异在哪里？如何超越对手？
- 如果 BAT、小米、360、京东、58 同城、滴滴等互联网大公司也做这件事，它们对你的影响有多大？

4 问团队，问公司治理、IP 管理、数字管理与风险管理

我们继续介绍“看模式 1234 法则”的第四部分“4 问团队”，这 4 个问题是评估一个创业团队是否值得投资的核心问题。

公司治理

公司治理包含顶层设计、团队构成、股东背景 3 个方面。

顶层设计

早期公司的治理问题没有成熟期公司那么复杂，但是做一家成功的企业就和盖一栋房子是一样的，需要把地基打好、打深、打实。公司的地基是什么呢？我认为是顶层设计，因为当公司做大之后，会层层设立子公司，相对的总公司就成了母公司或控股公司。如果母公司的顶层设计有问题，公司的发展就会很不稳定。顶层设计不稳固，未来就容易出现股东纠纷、合伙人纠纷、董事会纠纷、知识产权纠纷，甚至会出现管理内控问题，轻则账目不清不楚，重则资金被挪用、应收账款收不回来，还有可能面临各种诉讼。就算产品、业务都正常发展，也难保公司不会出现各种“硬伤”，

以致最后倒闭清算。所以，你要关注创业公司是否已按照一家正规公司的流程来设计股权、期权、合伙人关系，是否已按照合规的工商注册要求进行认缴和实缴。创始团队开始没有钱没关系，哪怕第一次按照注册 10 万元实缴也要想办法完成资金注资，以便后来的股东、合伙人、投资人按照既定的溢价进行增资并做相应的工商变更。

投资人切忌为了显示自己的豪爽，条款没谈好、协议没签署就马上从私人账户打款给被投企业，或打款到创业者个人账户。只有很少的创业者会帮你把手续重新梳理好，因为他本身就没有经验。那种没有经验或人品不好的创业者，可能很快就花完所有的钱，却没有给你做工商变更。我对打款的建议是，要么先变更再打款，要么先打 50% 的投资款，做完工商变更后继续完成投资。

团队构成

看团队构成首先要看团队老板的资质。对企业来讲，老板的天花板就是企业的天花板。所以，每一次看项目我都会问：为什么是他做这个项目？如果换其他人能不能做成？

要综合评估创始人，就要先评估他是否具备做这个项目的能力和资格；再看他能不能长期、持续、全力以赴专注在这个项目里；再看他想得有多大、站得有多高、看得有多远；最后，看他的身体素质好不好。创业是个辛苦活儿，创业者有时要不眠不休，有时还要和他人斗智斗勇——不是超人是干不成大买卖的。我会由浅入深地跟创始人聊，通过聊天来获得这些我想知道的信息：他对行业的前瞻性判断和项目机会的解读，本次创业的决心和投入程度，作为创始人、CEO 的综合能力。

看完项目的创始人，接着要看创业核心团队成员。老板决定了项目靠不靠谱，核心团队就决定了项目能不能成。首先，你要关注项目的核心团队是怎么构建起来的。比如，他们是被临时拉来的，还是原本就是老同事、老朋友、老搭档？他们有没有把自己的钱作为实缴注册资本和启动资金，是不是属于利益共同体？其次，要打听清楚这些问题：核心团队成员各自的特长和经验怎么样？性格上有没有什么冲突？最后，评估公司最核心的岗位首席技术官（CTO）、首席营销官（CMO）和产品总监的人选，调查其股权或期权安排。联合创始人和核心高管如果没有出现在实际的股东名单上，大概率是挂名或兼职的。对此，项目方可能会找借口，比如正在办离职手续，之后要加入团队，或者股份暂时由大股东代持，等融资结束后一起办理股权变更。此时你不能轻信这些借口，要进行团队个别独立访谈来甄别。

股东背景

早期项目的股东可能还经常会找一些资深人士背书，因为融资也需要信任。年轻创业者、“草根”或“小镇青年”凭什么得到投资人的信任和青睐？当下依据“3F 法则”进行的投资已经很少了，更多是慕名投资；也会有投资人通过财务顾问或朋友的朋友来投资项目。所以项目方一般都会先找行业资深人士做股东、合伙人、种子投资人，或者高级顾问。如果你发现项目介绍中有资深人士，就一定要问清他们在项目里扮演的是什么角色、有没有出钱、具体分管什么。你要分辨他们是真实的项目合伙人，还是因一点干股就给项目做站台背书的挂名人士。如果项目真的有资深人士当顾问、创业导师，而且他们真正在项目上出钱出力了，那就说明这个创始人想得比较远，能团结身边的专业人士整合有用的资源。

对于创始团队和早期股东，你需要关注以下几个主要问题：

- 核心人员有出资证明吗？

- 核心人员的薪资水平怎样？
- 核心人员的股权比例如何？
- 重大事项的决策机制是什么样的？
- 有没有设团队期权池？

IP 管理

第二问是问 IP 管理，包含专利、著作权、商标 3 个方面。

IP 管理在天使投资阶段是一个比较新的领域，以往 IP 管理只是法律尽调中的一个组成部分，投资人会通过 IP 管理来调查企业有没有明显的知识产权纠纷等。你可以在天眼查、企查查等工具上对企业这几个方面的信息进行初步了解。未来的投资会更多地面向技术型、平台型和数据驱动型企业，所以投前的知识产权管理和尽调工作越来越重要。我建议将 IP 管理工作单独外包出去，委托相对专业的，既懂市场、法律，又懂知识产权的专业团队，让他们提供专业独立的调查报告。

专利

专利是科技企业核心竞争力的重要组成部分。当年诺基亚虽然把手机部门出售给微软，却将大量的移动通信专利留在自己手里。这些年，诺基亚每年靠专利收费、打官司获得的赔偿收入就高达 10 亿美元。CDMA① 时代的高通公司（Qualcomm）也是多年靠专利“躺平”的经典案例。现在的半导体巨头，也是靠大量的专利保护，筑起一道道围墙，不让外面的人进来。

---

① Code Division Multiple Access，即码分多址，是在扩频通信技术上发展起来的一种无线通信技术，是 3G 时代的主要技术。美国高通公司掌握所有的技术专利。——编者注

我投资了一家蓝牙半导体的明星企业，名为中感微。这个公司拥有超过 500 项专利，其中发明超过 400 项，实用新型专利超 100 项。他们的低功耗音频蓝牙芯片、电源、电池管理芯片的产销量也居国内领先地位。

可以说，专利越多的公司就越值得投。但是除了专利，还需要关注哪些问题呢？我认为，除对基础的专利类型、法律状态、期限、同族专利、权属信息、诉讼情况等进行调查外，在受到委托及授权后，IP 尽调团队还要针对专利的使用信息和技术价值做进一步调研与分析。要结合产品与专利之间的关系强弱来判断专利的商业价值，结合行业专利分析来判断目标专利的技术价值，甚至还需要进一步分析专利的权利稳定性、在海外是否能自由实施（FTO，即专利自由实施分析）等，以对风险进一步量化与评估。

著作权

著作权又称版权，包括图书、音乐、图像、影像、软件等文化和科学原创作品的版权财产权。调查项目的著作权主要是调查其权属状况、有没有涉诉情况及法律风险等。所以，你在准备投项目的时候，除了查看权利清单、合作协议，还需要到官方版权登记中心网站核实著作权情况。著作权的价值是基础，特别是科技板块和软件，因为后续产品化之后，项目方可以选择部分优秀的著作权将其升级为发明专利。

商标

企业和产品的名称、网站、App 和商标对公司的长期发展至关重要。好的名称和商标是成功的开始，它可大大提高项目传播力、节省品牌营销成本。

理想的状态是名称、商标、网站网址保持一致。但是，项目方可能会因为法规或重名问题注册不下来公司名称，所以商标的注册和保护非常重要。特别是 2C 的企业，应该多注册几个接近的商标进行自我保护。还可以对商标的行业分类，进行包围注册。同时，还要注意商标的有效性。当年我的企业注册商标就因过期而被其他公司抢注了。商标诉讼的官司，败诉方赔偿金额可能会达好几百万元。查看商标的有效性时，需要对商标的权利归属、法律状态、期限、许可以及类别等进行调研。

一个知名商标带来的品牌价值也很重要。海底捞 2018 年上市时号称品牌价值 300 多亿元，周黑鸭品牌价值 97 亿元。目前全球品牌价值最高的公司中，前 3 名是亚马逊、苹果、谷歌，其品牌价值都超过 2 000 亿美元。所以，企业和产品的商标和品牌法律权利，以及纠纷和诉讼情况，是投资人需要关注的要点。

在知识产权 IP 管理上，你需要关注以下几方面信息：

- 专利、专著、商标等权利内容和有效状态；
- 权利来源、所得和归属的状态；
- 权利来源是否存在限制；
- 知识产权的价值评估；
- 对标企业知识产权的价值参考。

数字管理

现金流和资金是一个公司的血液，创始人对数字的管理要格外敏感。数字管理包含业务数字、财务数字、资本数字 3 个方面。

业务数字

如果所投的项目在种子期或更早期，即产品还没开发出来或还没上线，该怎么查看业务数字？你可以查看产品研发的相关数字，比如说相关人员的投入、研发时长、代码开发量等可以说明问题的数字信息。

项目到了内测阶段，当然就会有相关的测试数字，甚至会有少量种子用户的参考数字。这些数字不能代表产品好不好，只能证明他们确实在做事，而且是一步步在往前走。

天使期的项目一般产品刚刚成型或上线，需要融一笔资金以扩大经营团队，或做早期的低成本推广。这个阶段，我们随着时间的推移就能看见早期用户的一些表现数据。我们需要拿到创始团队的后台账号，查看必要的统计数据。比如，可以利用那些早期的成长曲线，做初步的预测或推演，这些都是早期投资要经常做的投前工作。

财务数字

你要非常重视公司的财务数字，尤其是早期项目的财务数字，因为这种项目本来钱就很少，一不留神就花完了。可以从财务数字上看出来创始人在成本控制、费用支出和财务管理方面的风格。

不同背景的创始人短板不一样，比如，做营销出身的创始人往往冲劲很足，不太关注投入产出比和实际成本，会一味地投入以获取用户，甚至会过早花钱购买流量，如竞价排名、电商直通车、直播流量等，烧钱过快。做技术出身的创始人则不太会处理财务，他们从来不看财务报表，不清楚账上还剩多少钱，当他发现钱不够时往往为时已晚。

投资一定要谨慎，万一你真的是投后才发现问题，就要严厉地向创始人指出问题严重性，要求他们尽快改正并且补齐自己的短板，不要担心会因此和创始人闹僵。如果屡劝无效，就是投错了，这时要尽可能及时止损。

资本数字

不能因为早期项目投资金额小或时间尚早，就不太关注资本层面的问题。麻雀虽小，五脏俱全。只要融资了，哪怕只有 50 万元、100 万元，都需要有相对正确的资本结构。这就和打高尔夫球一样，初学者如果握杆姿势不对、下盘站不稳、上下杆框架不对，就算靠重复练习把球打出去了，也做不到漂亮地击球；就算偶尔打中一个好球，也不能确保下一次能做到。

早期项目的资本数字同样包括收入预测、融资金额、投前或投后估值、出让股份占比等。另外，早期项目一般会按照投后估值计算相应资本数字。比如，投后估值 2 500 万元，那么投资 500 万元占股 20%；如果是投前估值 2 500 万元，投资 500 万元，那投后就是 3 000 万元估值，占股变 16.7%。

不少融资过的创业者不能理解股份的重要性。还有一些创业者只喜欢做产品、跑业务，而把钱和融资的事情交给合伙人或财务部门。这样做往往会造成很多早期的硬伤，估值不是过高就是过低。估值过高拿不到钱，估值过低股份出让太多，又导致下一轮融资困难重重。如果项目不小心被投资人控股了，那基本就注定失败了。

另外，创业公司一定要低成本运作，合伙人、高管都拿高工资的项目，我一定不投。比如 2 500 万元估值的项目，每月要花 50 万元来发工资，就相当于烧掉 2% 的股份，一年就烧掉 24% 的股权！这样干烧股份等于慢性自杀，投资人也拿不到钱。

对于数字管理，需要关注以下几个方面：

- 构成和影响项目估值的依据和关键数据；

- 运营成本与业绩指标如何挂钩；
- 项目走到下一轮的业绩 KPI 与估值预期；
- 融资金额与出让股权的合理平衡。

风险管理

股权投资每个阶段都有不同的风险。早期项目投资金额小，项目不确定因素多，失败率较高。在这个阶段的项目想要活下去，就要靠创始团队不懈的努力、较强的融资能力，以及较快的产品迭代和适时的模式调整。成长期的投资项目，其模式或许已经得到验证，数据看起来很好看。其项目风险主要来自竞争对手，当出现大公司低价竞争或补贴抢用户的情况时，项目风险就变大了。比如当年小米打出的 68 元手环，让很多做手环的创业公司“应声倒地”。后期或 PE 项目的公司或许已经是行业龙头或者已经盈利，经营风险降低。其所在市场已趋于饱和、业绩成长放缓，因此有些团队为了保持高估值和市盈率而不惜刷单造假。除此，还有退出风险，因为政策的逆转或经济波动会造成项目的并购或上市流产。

那么作为投资人，你要如何去辨别团队的风险意识和应变能力呢？答案是：只有在认识到创业公司的风险所在，并确定团队具备应对风险的能力和解决方案后，再进行投资，才能获得早期投资的“高风险高收益”红利，否则很可能血本无归。

对于项目风险，要多问这几个问题：

- 项目目前存在的 3 大风险是什么？
- 团队是否已客观地认知到项目风险因素可能带来的后果？
- 团队有没有应对风险的解决方案？

- 如果项目失败清算，投资人的利益如何得到优先保障？

到现在，我们已经了解了如何看赛道、看项目，接下来将继续讨论如何看人，也就是科学天使投资的“看团队1234法则”。投资就是投人，接下来我将用连续3章来说明“投人”的重要性。

我的投资随想

从营销学的 4P、4C 到用户思维的 4U

“看模式 1234 法则”里面有 3 大核心，前文已从投资的角度分析了产品与用户核心，现在我想从经营的角度详细拆解用户核心。

随着互联网和电子商务的发展，厂家可以自建直销渠道，直接建立社群和粉丝群，不用通过中间人，而是以 F2C[①] 的方式把产品直接销售给消费者。家用电器、快消品和小商品就不多介绍了，厂家可以在官网、淘宝天猫、京东、微信小程序等网络商店建立直销窗口。大件商品，比如特斯拉新能源汽车，就是个很好的例子。它们在全球自建展厅和旗舰店，向消费者介绍汽车后，还会给他们安排一次试驾，消费者还可以在网站直接下单，只需支付一笔定金。由于特斯拉的车型和配置已然标准化，消费者如果非常了解某款车型的性能和配置并对特斯拉有足够信心，大可以自行到网站下单完成交易，网站上的在线机器人和人工客服可以回答客户的任何问题。在上述营销过程中，特斯拉新能源汽车的营销和渠道变得非常扁平化：消费者既是第一手的渠道商，也是实际买家和最终用户。所以，即使

① F2C，Factory to Customer 的缩写，指厂商到消费者的电子商务模式。——编者注

用户对品牌的感知和忠诚度、对产品和价值的认知都跟以往很不一样，也有一点是永恒不变的：从产品出厂到递交给用户，中间最重要的桥梁就是营销。

随着时代的进步，营销学也经历了如下多次迭代。

1967 年，美国营销学鼻祖菲利普·科特勒（Philip Kotler）教授进一步确认了营销学的 4P 理论，即产品（product）、价格（price）、渠道（place）、促销（promotion）。菲利普·科特勒教授再版 16 次的著作《营销管理》（*Marketing Management*）到今天一直是世界上各大学府最广泛使用的营销学教科书，被奉为营销学的“圣经”，被选为全球最佳的 50 本商业图书之一，它也是我 1984—1988 年在香港中文大学就读营销学时的“红宝书”。我的第一桶金是通过做诺基亚手机全国总代理挣来的，当时我能建立一个覆盖 300 多个城市的分销渠道，就是受到了科特勒博士这个 4P 理论的启发。

1990 年，罗伯特·劳特朋（Robert F.Lauterborn）教授，著名的整合营销专家，在其《4P 退休 4C 登场》专文中提出了以客户为中心的新营销模式及 4C 理论，“4C”，即顾客 (consumer)、成本 (cost)、便利 (convenience)、沟通 (communication)。该理论指出：客户在乎自己的需求是否得到满足，在乎自己买东西是否便利，他们不关心你的定价依据是什么，只在乎是否便宜；客户厌恶企业的单向促销和宣传，更喜欢有效的双向沟通。与产品导向的 4P 营销理论相比，4C 营销理论呈现了强烈的客户导向，以追求客户满意为目标。

2010 年之后，移动互联网催生了网络社交和自媒体。随着网络营销和口碑传播的普及，用户对产品的影响力越来越大，他们在微博、微信、小红书、快手、抖音等平台上形成了大大小小的关键意见领袖（KOL）、关键消费领袖（KOC）和各式各样的社群，粉丝参与、精准营销成了互联网产品经营的标配。

用户思维

关于用户思维，马化腾说过“产品经理最重要的能力是把自己变傻瓜”，周鸿祎也提出“一个好的产品经理要学会用傻瓜模式做产品”。把产品的设计、功能和用户界面做到极简，使用户不需要看产品手册、使用说明书，是用户思维的极致体现。

基于用户思维的营销学，我想应该包括 4 个新的元素，即用户体验（user experience）、用户价值（user value）、用户传播（user broadcast）和用户参与（user participation），我把它简称为营销 4U 理论或营销“4U+EVBP”理论。

1. 体验
   用户思维的第一个本质，除体验之外没有更合适的词。好的用户体验自然能够获得用户的喜爱，这种体验应超出用户的期望值并让他们感到惊喜。苹果公司创始人乔布斯在 2007 年 iPhone 发布会上，每发布一个新的功能，就能收获现场的一阵欢呼。如今仍有不少人每年都在等着新款 iPhone 上市，可见多年来苹果产品的良好用户体验使其收获了多少粉丝。难怪苹果公司的市值不断攀升，2022 年一度达到了历史新高的 3 万亿美元。用户试驾特斯拉汽车时，销售代表会大胆地让准买家打开自动驾驶功能，用户可通过双手离开方向盘获得一种全新的、惊叫的体验。我们在北京三里屯那里花园投资了一家国潮饮品店，名为立吞街，在试营业期间就已经引来许多网红打卡。网红们纷纷主动在小红书、美团、大众点评等平台分享照片并发布评价和推荐。我想，超值和舒适的体验是他们热情推荐的主要原因。

2. 价值

用户思维的第二个本质是价值。用户价值的精髓是：当用户感觉出你的产品能让自己变得更出色时，就会发自内心地热情推荐你的产品。大众点评、酷讯旅游里面的商家和景点，最早都是靠用户点评形成的推荐和排行。小米手机刚出来的时候最大的卖点就是高性价比，基本就是按照物料清单（bill of material, BOM）的成本价在定价。这种定价能让用户感受到小米的诚意，让他们觉得花的每一块钱都物有所值。

3. 传播

用户思维的第三个本质是传播。品牌不应将顾客当消费者，而应把他们当用户，你为用户创造了价值，用户就会帮你传播品牌价值，如小米、蔚来、露露乐蒙、Keep 和我们子基金投资的超级猩猩等的用户。用户喜爱一个品牌，就会成为这个品牌价值观的传导者，为品牌带来新客户。我们投资的趣拿网络就通过铺设在全国一、二线城市的自动贩卖机，帮助快消品厂家进行线上线下传播和推广：用户需要在社交网站进行传播推广，之后凭截图或证明免费领取产品。口碑传播是趣拿商业模式的核心要素。

4. 参与

用户思维的第四个本质是参与。小米手机最著名的成功经验就是粉丝参与，后来小米联合创始人黎万强写了一本书《参与感》，书中总结了小米粉丝经济的成功之道。当年小米每天都在官网和

App 收集用户的意见并及时回复，同时公布采纳了哪些粉丝的意见；每周都进行 MIUI 的更新和发布。这是用户思维的最高境界：把用户变成粉丝，再变成合作伙伴。用户和品牌产生巨大的黏性时，他们就变成了铁粉。同样注重粉丝参与感的内外内衣创始人刘小璐也感慨地说："真正好的消费品牌是和一群意气相投的用户一起去定义。"

从广义上讲，用户思维涵盖了产品到用户端自始至终的价值链，即从用户体验、用户价值、用户传播到用户参与的 4U 阶段。通过这 4 个 U，在短短几年就完成从创业到品牌崛起的不在少数，如元气森林、Keep、王饱饱、花西子、完美日记、王小卤、Akoko、蕉内等。这些新消费品牌，或以品类创新破圈，或以跨界营销突围，或将国潮和新场景结合，再配上一些免费体验和互动营销的打法，杀出了重围。前文提到的我们老鹰基金投资了 3 轮的趣拿网络，就成功帮助了上千个快消新品牌快速进入市场并获得成功。当然，这些成功的企业都离不开将"4U+EVBP"用户思维作为主要营销战略的思路。

ANGEL
INVESTING

第9章

步骤4，
看团队1234法则

我们来到“天地人1234法则”的第三个维度：看人，也就是“看团队1234法则”。无论是多好的想法、多牛的产品，都是人做出来的。拼多多2015年创办，如今员工总数有约1万人，这些人创造了上千亿美元的市值，人均创收远超阿里巴巴和京东。美团因其强大的地推团队成为本地生活巨头，靠的是10万名员工和近400万名外卖骑手。字节跳动的全球员工总数也突破了10万人，仅人力资源部门就有2 000多人。

不少巨头公司的创始人，像黄峥、张一鸣等都是“80后”，公司上市时才30多岁。这种创业奇才是如何白手起家，在几年的时间里快速成长为万人级别大企业的实际控制人的呢？这也是投资人最想知道的。相信他们一开始也不是什么都懂的。他们有的侧重技术、有的侧重营销、有的侧重管理，但应该都有很多共同的特质。今天我们一起来讨论这些特质到底是什么，以及如何看人、如何去发现这些共同特质。

1 见，就是“一见如故”

想要知道一个创业项目值不值得投，就要和创始人进行深度的交流。你可以通过一次或多次的访谈和交流，从不同角度了解创业者，特别是他在性格上的特质；与此同时，投资人也需要在这场谈话中展示自己的附加值和资源优势。最理想的状态是：通过深度交流达成“一见如故”的交情。

我们一般都跟创业者聊些什么呢？通常要在这个步骤中确定以下 3 个方面的信息。

- 第一，他是谁，为什么创业，为什么相信自己能成。
- 第二，他有没有老板气质。至于什么是老板气质，我相信每个人心目中的标准不一样，在不同阶段的认知也不一样。
- 第三，这位创始人的缺点和自身的短板是什么，这些短板对未来的创业过程影响大不大，有没有办法改进或提前补足短板。如果创始人之前有过失败的创业经验，你可以围绕他为什么失败、从每一次的失败中学到了什么、为什么还继续创业、如何补偿投资人等来进行沟通。

所以，我说的一见如故，其实是有前提条件的：你要对他的状态一清二楚。你甚至可以问他个人婚姻状况、资产和现金状况、金钱观、价值观、对某些国内外热点事件的看法等，从侧面了解他的常识和认知；还可以聊聊星座或八卦、业余兴趣爱好等。三观接近，才更容易一见如故。

红杉中国副总裁刘雨坤在一篇文章中提到如何看天使轮的创业者时，总结了这 4 个方面：

- 创业者的格局观；
- 创业者聚人及整合资源的能力；
- 创业者对自身事业的理解；
- 创业者对自身事业的热情程度。

我的鹰超足球队成员信天创投的蒋宇捷也曾说过：“创业者需要对行业有深刻的洞察力和经验，需要成为行业的专家，这才能说服投资人”。他们说的都对。那么，如何能让我对创始人一见如故呢？

我除了会问前文提到的那几个方面的问题，还会在交流的过程中去想象和思考：他的哪一点潜在企业家特质能吸引到我？他看起来像不像一个未来独角兽企业的 CEO？这些问题难度虽然很大，但值得细细思考。毕竟投资人在开出这张支票时，至少应该说服自己：他就是自己想要的那种创始人。

2013 年经过朋友介绍，我到厦门调研一家手游研发公司。我约了创始人一起坐船到鼓浪屿，一路上天南地北地聊了很多。从他小时候开始聊起，到他大学毕业后在香港电讯盈科的工作经历，我们找到了很多共鸣。之后，我们又聊到他之前的创业经历。当然，我也分享了很多我的经历和看法，问了他很多游戏行业、游戏研发和发行的关键问题。在整个过程之中，我们建立了一种友谊和信任关系。直觉告诉我，游戏市场很大，只要产品好，付费率上来，项目肯定有机会。通过这次非正式的对话，我认定这位创业者值得信赖，我愿意把钱投给他。后来这个项目经历了多次生死存亡的关卡，但创始人坚忍不拔，我也坚定地介绍很多资源和投资方来支援他，现在他的公司已经成为很有实力的战争游戏研发和发行公司，拥有不少 IP 授权——相信离收获的日子不远了。如今，我们已经成为忘年交。

老鹰基金也是一家创业公司，只不过主营业务正是投资。募资是基金管理人的重要工作,作为创业者的我就有一次和投资方有一见如故的经历。2015 年夏天我在中关村创业大街“Binggo 咖啡”给天使成长营做公开课演讲，结束后很多人前来加微信或问联系方式。这时一位光头的中年人跟我说：“小鹰老师好，我是红杉资本的一期人民币基金有限合伙人，如果老鹰基金有对外募资，我愿意投一份。”我认真地打量了他一下，他看我将信将疑，于是打开手机找出他和沈南鹏的合影，然后说：“这么多粉丝围着，我就不耽误您太多时间了。”我当下就加了他微信，留下了联系方式，说：“太好了，感谢认可，后续我将专门去拜访。”他那天只是碰巧来到了天使成长营的公开课，说很喜欢我演讲的内容，也很欣赏我关于坚持长期做天使投资并要用 30 年时间实现投资 1 000 个创业梦想的愿景。这件事令我印象深刻，正好几个月后，老鹰基金新一期天使基金开始对外募资，我第一时间把募资说明书发给了他，很快就收到回复：确认投资。随后他签署认购基金份额的文件，并成为那只基金第一位打款的投资人。

后来，在他的引荐下，我到上海认识了他的两位好朋友，也是红杉资本的资深合伙人曾总和朱总。那次我们进行了数小时的深度交流，曾总和朱总说喜欢我的“天地人 1234 法则”，尤其对“一见如故”这句话感同身受。他们纵横商海多年，都是阅人无数的资深企业家和基金出资人。朱总特别高兴又很客气，那天晚宴上把珍藏多年的好酒拿了出来，我和合伙人赵建国、李嘉珉与他们一起把酒言欢，尽兴而归，第二天就收到了曾总和朱总的投资确认。这是我最没有想到且亲身经历的真人真事，可见“一见如故”是很多企业家、投资人在选择生意合作伙伴、决定投资一个项目的时候比较认同的感受。

2品，人品与“极品”

接下来，我们要说两个品质。

人品

人品首先体现在做生意讲信用上。我很讲信用，在生意场上，我答应过的事情，不管有没有留书面凭证，再困难我都要尽可能做到，就像李嘉诚先生说的“守信用是我的第二个生命”。在我看来，经商要有两个底线，一是讲信用，二是在任何时候都要让自己有讲信用的能力。我希望企业创始人也能够坚持守信，让自己有讲信用、兑现承诺的能力。

人品还包括分享精神。这种分享精神体现在股权、利益的分配上，有好事大家共享，这样，你才能跟核心团队建立起利益共同体，项目成功的概率也会更高。我在尽调的时候，首先会问创始人公司的股权结构。要警惕没有可靠的合伙人或给合伙人股份太少的创始人。因为在当下，孤军奋战成功率太低，创始人要有一个能互补的创业团队。

讲人品还包括有感恩的心。常怀感恩之心，常念相助之人，常存敬重之意，常忆相聚之缘。这句话是说，对帮助过自己的人要有感恩之心，并在合适的时候回报对方。做企业也是一样，你要看创始人是否对帮助过他的投资人、股东、团队或朋友怀抱一颗感恩的心，是否有表达过感恩。

我们常说先做人、后做事，人对了，事情就对了。我在这么多年创业和经商过程中避过好多坑，就是因为我坚持和人品好、守信用、懂感恩的朋友打交道，对那些骄横跋扈、装腔作势、不讲信用的人敬而远之。那么，如何了解陌生人的人品呢？雷军曾说“不熟不投”，可是做投资不可能永远和熟人打交道。朋友介绍的创始人虽值得信赖，但也要深度考察他的能力、专业度。如果是隔了两三层关系的创始人，无法向最初的推荐人了解相关情况时，还可以用网络、天眼查、企查查等工具，以及通过他本人的社交网站、微信朋友圈等过往信息来进行初步的判断。你甚至可以找律师、背调公司展开必要的背景调查，或者要求创始人找人给他背书。

“极品”

第二个品质，就是一个“大牛”创始人的终极品质，我对此简称为“极品”。

科学天使投资的目标是找到更多潜在的“极品”创始人，相信你通过“如来神掌 11 式”“天地人 1234 法则”已经学会如何选择未来的赛道和潜在的好项目了。你和创始人一见如故，又通过一定的背景调查了解了他的人品之后，就要继续推敲他的格局、性格和能力，判断他是否有潜力成为我们心目中的“极品”创业者、未来的企业家。

怎么判断他是不是具备“极品”品质呢？

第一，要看他的创业决心和格局。巨大的创业决心、高远的格局，是成为“极品”创始人的先决条件。我曾遇到一个资深创始人，他的产业背景和资源都很强。进入协议阶段时，他表示希望投资协议能尽量简单，且投资人不要对创始人有太多约束。其实我们当时签的都是标准条款，他的创业项目如能进行下一轮融资，更加严谨的条款会覆盖上一轮的很多条款。我凭此认为他创业决心不够，想用宽松的条款给自己留退路，以避免担责。

第二，“极品”的创业者永不满足，拥有强大的自驱力并超级勤奋。

特斯拉创始人马斯克就是最好的案例。我最近才发现马斯克名下有 9 个公司及项目，包括特斯拉、SpaceX、Solar City（从事光伏发电服务）、星链（Star Link）、Neuralink（研究脑机接口的公司）、Model π 手机、Hyperloop（封闭式真空磁悬浮超高速列车）、The Boring Company（专注解决地面交通拥堵问题）和 OpenAI（开放式人工智能非营利企业）。这虽然是个例，但能证明一个“极品”创始人的潜力和精力是无法想象的。腾讯的马化腾、京东的刘强东、美团的王兴，还有那些千亿美元估值的超级独角兽创始人，他们其实都同时在经营和管理着多家企业。

在这个激烈竞争的时代，创始人作为企业的火车头，只有不停地给自己加油、不停地发电，才能驱动自己和团队快往前跑，毕竟“天下武功唯快不破”。

第三，“极品”的创业者具有冒险精神和偏执的坚持。

具有冒险精神的创业者会带领企业不断通过创新、挑战未知、挑战极限，攀登创造一个又一个增长点和奇迹。但同时，创业者要学会把控这个冒险的度，毕竟“富贵险中求”。

创始人为什么要偏执呢？乔布斯曾说：“不要让他人的观点掩盖你内心的声音。”最重要的是，要有勇气追随自己的内心和直觉。乔布斯在产品设计上有多偏执呢？从苹果电脑到 iPod、iPhone、iPad，他对产品的功能和设计有着自己独到的主见和坚持，并引领了时代的潮流。乔布斯就连因胰腺癌而住院时，还依然坚持让医院拿出至少 5 种不同款式的面罩，以便自己可以仔细挑选出设计最佳、最精良的那个。所以，绝对自信和偏执的人，往往才能做出旷世杰作。

那么，如何在早期就能认定这位年轻人极有可能就是那匹黑马、是“极品”创始人呢？我的回答是：要对年轻人有敬畏心，不要用自己的经验和立场来看一个项目。比如泡泡玛特，早期的时候有投资人因其店铺人流和访谈客户数据不符合自己的要求而拒绝投资——这就是太偏重数据和报告的结果，投资人没有把人的因素放在重要位置来考虑。

3 力，执行力、领导力、学习力

执行力

CEO 最头疼的问题之一是执行力会因员工和部门数量的增加而大打折扣，而且这种现象只会愈演愈烈。这其实是因为信息不通畅、理念不一致。所以，创始人除了要有很强的执行力，也一定要有敏锐的洞察力、迅速推动重要事情落地的能力。团队的执行力就是战斗力！

观念的统一能大幅提高执行力。创始人要善于沟通，把愿景和目标很好地传达给团队。我曾和顺丰集团董事长王卫聊过他如何带动 40 万名员工做到高效执行的问题。他说，公司内部开发了一个聊天软件，他可以越过每一个管理层，把企业文化、发展规划、每一天的想法和重要信息直接传达给全球的 40 万名员工，让团队有一个共同的信仰和价值观，并将其落实到制度上，这样的执行力才是惊人的。

另外，合理的利益分配机制也是激发团队执行力的有效办法，它会让团队明白为公司做事就是为自己做事——合理的利益分配机制刺激的执行力是可以长期持续下去的。华为的团队就有股权期权和分红权，这样，公司是否盈利就变成了每一个人的事。

领导力

创始人是公司的“老大”，也是团队的灵魂。领导力是评估创始人能力的第二个要素。

领导力首先体现在创始人在关键时刻或发生重大事情时的选择和决策能力。我认识一位做智能硬件项目的创始人，他是个技术控，产品做得非常好，却在其他方面太过依赖新来的合伙人，比如营销、融资。这样的创始人没有判断能力，会错失珍贵的融资机会。

我还投过一个移动电商研发项目，创始人是产品研发的专业人士，但是比较欠缺驾驭团队方面的能力。刚融资时，这个短板并不明显，因为大伙都拼命在做产品。等产品快上线了，商务对接工作就慢了——因为创始人没有对合伙人进行任务管理，整个团队开始松散下来。

关于领导力还有一套关键词：使命感、沟通、决策、影响力和报酬。我认为，这些是领导力的重要体现。

学习力

创业者很多都是年轻人，虽有一技之长，但不可能什么都懂。创业时要学习的东西很多，所有创业者在经历过全流程之后，都会对创业和企业管理有更深刻的理解和认识。

我孵化的一个无代码创业项目，创始人刚满 25 岁。他很辛苦地完成了天使轮融资，得到 500 万元。在融资过程中他重新搭建股权结构，设计好期权池，做好工商变更、投资意向书和协议条款等，不断认真学习，思考利弊。融资过后，再让他去看一个准备融天使轮的消费升级项目，他就感觉容易得多，还被该项目邀请做了顾问。

我们常说："创始人不仅是企业的领袖，更是企业的天花板。"所以，创业者必须要有持续学习、复盘和超越自己的决心和能力。我每投一个项目，都要进行创始人的 SWOT 分析，看他的短板在哪里，并一有机会就给他们找进修和提升各种境界和技能的途径。前几年我投资一个手游发行项目时，便带着创始人去芬兰参观游戏《愤怒的小鸟》的出品公司和 Supercell 的总部。回来以后，他和公司都发生了质的变化。

有时我也会邀请创始人到我办公室，给他一些建议，如公司战略应该怎么调、怎么提早做下一轮融资、如何从同行和竞争对手那里学到一些有用的东西……当然，我还会要求创始人坚持多看书、多思考、多提问题，要把学习思考变成一个习惯，也要把这个学习力变成企业的核心竞争力。公司的所有员工都进步了，企业发展肯定就会超速。

4 商，情商、指商、财商与逆商

情商

美国公布的一份权威调查报告显示，美国近 20 年来政界和商界成功人士的平均智商仅在中等水平，但平均情商却很高。为什么有些创业者的企业能够脱颖而出？他们为什么能够成为员工喜欢的老板呢？"虚心使人进步，骄傲使人落后"，这句话和情商有很大关系。换句话就是说，情商高的人能听取不同意见，进步也比较快。

创始人是企业的最高领导者，如果创始人情商高，能接受采纳更多的善意批评和建议，他就能推动企业的整改，促进企业发展；反之，企业的问题自然得不到及时处理。同理，容易情绪失控的创始人，会阻碍企业的发展。有句话说，一个人获得成功，20% 是因为智商，80% 是因为情商。

指商

指商也就是指数型思维。指数型思维来自过去 20 年新技术与新经济企业建立的指数型组织的理念。指数型组织开始是指以摩尔定律作为指引而获得高速成长的技术型和互联网企业建立的组织形态。这些企业具有颠覆式创新能力，拥有宏大的变革目标，具有社会化企业属性，这些特点使企业的发展速度呈现指数级增长，如小米、滴滴、爱彼迎、优步等企业。

指数型组织有 5 个外部属性：员工随需随聘，社群经济，数据和算法驱动，用杠杆资产取代实体资产，鼓励粉丝和用户参与。除了外部属性，还有 5 个内部属性：良好的用户界面，透明化的企业关键量化指标，产品快速迭代，员工高度自治，内部社交化沟通。

有越来越多的创业公司通过建立指数型组织得到了高速发展，如拼多多、泡泡玛特、元气森林等。我希望能看见更多有指数型思维的新一代创业者，因为只有在这种人才的推动下，企业才能高速发展。

财商

财商指一个人创造和管理财富的能力，它体现在会计、投资、市场营销和法律等各方面能力上。创始人的财商为什么重要？因为企业的建立和存续要靠资金，资金链断裂，企业就得倒闭。资金是靠投资、融资、成本控制、节省费用和增加各方面的收入得来的，而每个环节都需要创始人运用财商去解决问题。

商业的本质就是要赚钱，企业可以暂时或长期不赚钱，但是必须有足够的理由讲清楚暂时不赚钱的逻辑。所以，会讲故事、会融资，也是对创始人财商的基本要求。他如果连自己都说服不了，又如何去说服投资人给自己投钱？创始人除了要会融资，当然还要深谙赚钱之道，换句话说就是：要给自己的企业和产品设计一套独特有效的商业模式和盈利模式。

有些科学家或技术出身的创始人说不清楚如何做商业化落地、客户在哪里、通过什么渠道销售最有效、产品怎么定价、毛利率多少合理、怎么收钱……这就是财商不合格的表现，不会有客户和投资人给他买单。创始人是企业的第一责任人，不管是什么背景，都要全面兼顾和看懂公司的资金、费用、数据、业绩等数字。创始人不一定需要会做报表，但是一定要会看报表并从中发现问题，不然就不可能知道钱的去处。看懂企业最基本的 3 张表——损益表、资产负债表和现金流量表——非常重要。体现创始人财商的另一个行为就是财务披露。当然，及时和真实的披露也是投资协议里的标准条款之一。

很多创业公司因早期财务不规范，被罚了不少钱。如能及早处理好账目问题，就可以避免这种支出。调账难度很大，后期再调账就得花大精力。

逆商

其实逆商就是情商的升级版，情商差的人，逆商就更无从说起。

一个创始人如果有过资金链断裂、债主追上门来、工资发不出、企业以倒闭收场的痛苦经历后不敢再创业，那么他的逆商就不会得到提高。反之，如果他能从中吸取经验教训，从失败中站起来，再次投身创业，那这些失败经历就能成为他最好的教材，使他知道如何避免和应对困境。

褚时健没有被老迈的年龄和牢狱的落魄击倒，包山种橙，重新创业，几年后褚橙年产超过 1 万吨，利润超过 6 000 万元——这就是一个靠逆商逆袭的真实案例。美团创始人王兴也曾多次创业失败，但他屡败屡战：从校内网、海内网、饭否，到美团团购、美团，最终成功逆袭。如果王兴没有在跌倒后再爬起来，他就不可能有今天的东山再起。

逆商确实是可以通过后天历练提高的。人对没见过的场面、没经历过的事情都会有恐惧的心理，因为前方有很多未知数，他不知道自己能承受多少。史玉柱的逆商也很高，他的经历像过山车，赚过大钱，也曾破产。所以什么都见识过的他，东山再起时心态就会沉稳很多。

我的投资随想

选择真正的创业奇才

2021 年 10 月 21 日我在成都出席全球天使投资峰会（GAIS）时，首次发布了关于创业“三才”的提法，总结了提高天使投资成功率的方法。其中最重要的方法是找到并投资 3 类突出的创业人才。

讲到创业人才，首先应该理解一下什么是创业的慧根。创业项目经过几年的汰弱留强，呈金字塔结构发展：最顶层的好项目数量最少，但是回报最高；中间的次之；第三层项目较多，但是或许能帮助他们进行项目升级。当初的好项目最后不一定能成为明星项目，因为创业路上变数太多，每一道坎都需要创始人做出及时的判断与智慧的选择。在这个过程中，创始人有多少创业慧根很重要。慧根深的人往往可以做出一些预判，带领团队提前制定前瞻性的发展计划，并在问题出现时及时调整和解决。慧根浅的往往后知后觉，等到账上快没钱了才干着急，到处借钱和融资，让人不禁想问：“早干什么了？”

什么是慧根？慧根即智慧的根源，即人的领悟能力。人活在两个世界：外在的感官世界和内在的精神世界。外在的东西较好理解，内在的东西却因人的慧根不同而解读不同。创业的慧根，指对创业灵魂深处的理解。创业表面上是做一个新产品、注册一家公司、做老板赚钱，但让创业者在面对诸多艰难时坚定走下去的，往往是内在的驱动力。

重新思考创业

创业不是去做一个多么伟大的事情。创业是为了建立一个能持续经营、持续盈利、持续成长的企业；创业是为了建立一个你喜欢的且能让你快乐的，甚至可以代代相传的事业。

时代变了，随着移动互联网的快速发展，以智能手机、物联网、大数据和人工智能为主导的创新型创业浪潮席卷大地。创业门槛大幅降低，创业项目发展加快，市场留给创业项目的时间和空间非常有限。原本很好的创意，由于动作慢了，就只能变成别人的跟随者。同样的赛道，不同慧根的创业者会找到不同的切入点，打开不同的入口。谁更有创业慧根，就能找到一条与众不同的路，就能建立和拓宽自己的“护城河”。

创业的慧根到底是什么？其实没有一套标准，它可能来自一些经验的积累、一个灵感，或者是来自多次的苦思冥想、团队的头脑风暴或某次的团建。有一次我们组织投资人和创业者去台湾地区环岛骑行，在长达7千米的连续爬坡途中，大部分人都会在半山休息处停下来喝水、吃西瓜，只有一位创业者受我激将法的影响，不肯休息，继续往上一圈圈地蹬，直达山顶。他说当时感觉身后有一股风推了一把，使他感觉到力量，当时他就决定要寻求我的帮助。因为他突然联想到创业多年，一个人的努力有限，一定要借助外来的力量。我想，这就是创业慧根的一个表现吧。这个3年多没融过资的项目创业，拿完投资后发展加速，半年之内又融了两次资，升值超过10倍。

有人说创业是一场修行，这个比喻非常好。当你开始踏上创业这条路时，就会发现需要重新学习和适应的东西太多了。就算你是高管又如何？大公司的品牌是让人仰视的、用户数是巨大的、资源是源源不断的、钱是花不完的，你需要做的就只是完成本部门本年度的绩效考核，招聘有人力资源部门，没钱找首席财务官（CFO），要打广告找首席营销官，要数据找首席技术官，对外合作你是甲方，一切都有协助力量。可是当你创业的时候，就会突然发现自己虽然是老板，印着 CEO 名片，却变成了一个打杂的，什么都得自己来：没有了首席财务官只能自己学怎么记账；没钱了就自掏腰包硬撑着或去找“天使”；熬夜做完商业计划书，好不容易约到投资人见面，又被各种挑刺和压价；兴高采烈地拿到两三百万元投资，却要面对未来大半年的省吃俭用；好不容易找到小伙伴一起创业，还要时不时跟他们说梦想、讲情怀……

等到产品上线了，回头去找以往的同事和朋友要流量和支持时，又发现昔日那种亲密无间的关系荡然无存，换来的是各种托词。这个时候你肯定会对自己说：“早知创业那么苦，就不下海了。”但是当你回到公司，你会发现自己又成了一个“老大”，哪怕只有两三个小兵，你也是不能认输的，不能在兄弟们面前流露出任何失落感和要放弃的神情。一想到大家熬了多少通宵做出来的产品、想起创业的梦想，你就会立即精神百倍，重新投入战斗！这时候，你的创业慧根又增进了。

寻找创业“三才”

我在 30 多年的创业和投资经历里，真的是踩了不少坑，有创业的坑，也有作为投资人的坑，说是血泪教训一点也不为过。好在我是一个会认真复盘的人，所以这些坑同时也成就了我，让我精进了很多。

我看的项目很多，每年差不多有几百上千个。在此过程中，我发现虽然创业人才各式各样，但是成功的项目创始人都有很多共性。于是，我总结了 3 种成功概率比较高的创业人才，即创业“三才”。他们不仅有创业的慧根，还非常努力，进步很快。我相信这种人假以时日一定会成长为某个领域的商业人才。

生意奇才

第一“才”是生意奇才。我认为，有草根背景的青年创富欲望极强，进步非常快，未来有可能成为生意奇才。

很多生意奇才都有着一些共同的特点：草根出身，有着极强的创造财富的欲望；勇于冒险，又是持续学习的爱好者。新一代最有代表性的生意奇才有字节跳动的张一鸣和美团的王兴，他们都是“小镇青年”，来到大城市升学拼搏，20 多岁开始创业，经历几次失败后，在 30 岁左右找到了清晰的方向，领跑同龄的创业者。趣店创始人罗敏、泡泡玛特创始人王宁也是年轻生意奇才中的佼佼者。我们投资的影谱科技创始人姬晓晨、怪兽充电宝创始人蔡光渊，在短短几年内就让一个早期项目迅速成长起来，每隔一段时间，我就发现他们又上了一个台阶。我投资的这些人在公司战略、业务迭代、资本规划上都有新的计划和心得，让我投后基本上不用太操心。还是那个原则：帮忙不添乱就足够。

经营奇才

第二“才”是经营奇才。我认为高管出身的创业者有成为新经营奇才的可能性。为什么呢？因为他们有资深的背景和经验，手里还握有很多资源，很容易就能看到行业痛点和机会。

经营奇才主要是新一代的企业管理者、经营者，他们有着良好的背景，有些人还是海归才子或世界名校毕业生。他们虽然可以在大公司享受高薪厚禄，却想着改变世界、改变行业，满脑子都是一些颠覆性创新的点子。他们往往希望可以凭自己的能力和经验打造一个创新的产品或模式，去解决行业的痛点问题。因为他们曾是大公司、大平台的管理人员，所以不缺创业小伙伴，也不缺流量，再加上对新经济企业人才及资本的相对理解，他们会发展得非常迅猛。也因此，大企业的高管有很高的成为经营奇才的可能性。

我们投资的趣拿网络的创始人殷珏辉就是从某电信运营企业出来的资深创业者，他经历两次创业，成功打造出一家全国最大的快消行业新品发行平台。2013年我们进行了第一轮天使投资，没想到项目第二年就达到了收支平衡，第三年开始就连续几年盈利和高速增长，并持续到现在。我们这里还有好几个大平台高管创业的案例：爱股票创始人蔺会杰，创业前是新浪财经版主编；优脉财富创始人应松，曾任诺亚财富首席运营官（COO）；荷马金融创始人叶程坤，原来是阿里巴巴资深高管；运动家创始人叶颖涛，创业前是上市公司掌趣科技CEO。他们本来几乎已财富自由，为什么要创业？因为他们看见了行业本身的问题和机会，也因此他们才能推动企业的快速发展。

创新奇才

第三“才”是科技人才。科技人才包含科学家、首席技术官。他们有产品经理背景，又深谙技术和产品之道，假以时日也可能成为创新奇才。

创新奇才是目前最热的话题，乔布斯和马斯克就是科技创新方面的佼佼者。此外，国家政策鼓励创新企业，这些政策会加快科技创新成果的转化，助其实现产业化。

我们投资的科技企业就有好多创新奇才。比如，天兵科技创始人康永来，多次获得国家级奖项，在商业航天领域取得了瞩目的成绩；我们所投资的影谱科技创始人姬晓晨更是因在数字经济中做出的成绩，在金砖国家领导人第十五次峰会中作为随行访问代表进行主题发言；我们投资的蓝牙芯片领军企业中感微的创始人杨晓东，他是斯坦福大学电子工程学士，已两次获得国家科技进步一等奖。他们都在“高精特新”领域为国家做出了杰出贡献。

我的投资随想

深度解读科学家创业

我一直在思考科学家和企业家的问题。这些年，我们看过、投过很多技术人才创业的案例，有成功的，也有失败的。中美贸易战主要核心在于科技创新的竞赛和博弈。在这个动荡的大时代里，技术型、科学家型创业者越来越吃香。一开始时科学家的项目特别好拿钱，但时间一长也暴露出很多问题：科技成果迟迟不能转化为适应市场的产品或应用，公司销售业绩也乏善可陈。除此，其公司治理、团队建设、运营管理也容易出现不少问题。创业失败的科学家甚至还会耽误原本处于领先地位的科研课题和论文的进度。

科学家创业应该注意什么？科学家创业成功概率有多高？有一天我发了一条朋友圈："科学家转做企业家对社会是贡献更大还是损失更多？"大多数人都评论说是损失，也有人说是因人而异，其实事情是两面的。一个朋友的观点是：科学家创业时需要注意其在科学领域的发明是否拥有创新性及可落地性，同时还要确定自己在管理及市场方面是否认识具有互补优势的合伙人人选。科学家创业类似于技术人员创业，但通常来说，市场或企业管理者创业成功率略高一点。科学家转做企业家，如果在两个领域都能成为“家”，对社会的贡献是相同的。

鉴于朋友们的回复，我写了这个专栏，希望激发更多的人思考科技人才创业的问题，也希望更多的技术型、科学家型创业者能够复盘，并能通过不懈的努力，成为真正的企业家。

科学家是否能成为企业家，理论上因人而异。从经验上看，大部分没有创业经验的科学家初次创业做一把手时会面临重重困难，他要有很大的勇气去面对自己在企业思维方面的不足。

1. 做科研是与物斗，不管是实验还是发明，科学家要做的是不断地研究和试验，悟出一条新的方程式，写就一篇新的论文，做出一种新药，甚至发明出一个新技术、新产品，从而解决人类、社会和行业的问题。做企业是与人斗，再好的技术或产品都需要落实到商业应用场景中去，真正解决行业和用户问题，并让用户形成刚性需求；还须控制生产质量和成本，做好市场调研，算好资金和库存量，针对不同用户群制定价格政策，给不同的渠道留出合理利润空间；再然后就是打品牌、找流量、抓客户、做营销、追回款、搞售后……

2. 做科研必须有永不妥协的精神，不少科学家用一辈子的时间才实现了很大的突破，如从发现胃部幽门螺杆菌到确定治疗药物，就断断续续延续了 100 多年。幽门螺杆菌于 1875 年被初次发现，到 1979 年才被一位锲而不舍的澳大利亚科学家巴里 · J. 马歇尔（Barry J.Marshall）重新发现。马歇尔在持续研究中备受质疑，但在他和罗宾 · 沃伦（Robin Warren）不妥协精神的支持下，10 年后他们的研究成果终于得到美国食品药品监督管理局认可。之后，两人在 2005 年获得诺贝尔生理学或医学奖。如果他们中途妥协放弃，人类到现在可能还在饱受这个病菌带来的痛苦。反之，做企业必须学会妥协。产品的研发需要针对市场和用户的需求，不能只求完美而不顾成本和投放市场的时机，许多大企业就是因为新产品上市太迟而倒闭的。做企业最难的两件事：一是不花钱让更多的人知道自己的产品，二是让客户花最多的钱买自己的产品。在这个过程中，有很多的商业场景需要妥协才能达成共识：产品功能的取舍、价格的高低、付款条件、订货数量，以及其他细节。此时，甚至会有竞争对手冒出来抢生意。如果没有耐心、不懂得妥协，订单肯定就黄了。

3. 在高校、实验室或研究院里做科研，有研究经费、项目经费、政府资助。成本、时间和效率虽然重要，但不如成果能收获更多的肯定，因为有时只有成果才能代表该科研机构的科研业绩和学术地位。在大企业里，研究环境也相对轻松，大企业每年会投入一定百分比的收入进行研究和新品研发。但是，创业公司就完全不一样了。创业公司资金和资源都非常有限，创始人不管是科学家还是企业家，不管是在 TMT 还是医疗健康产业，都必须学会在有限的时间里，用最低的成本、最高的效率做最正确的事。所以清晰的年度、季度预算，精简的人员架构，明确的阶段性绩效指标非常重要，创始人也必须在股东会、董事会上进行必要的事前、事后的沟通和报告。

4. 科学家以科研和课题为导向，企业家则以市场和盈利为导向。朋友刘运渠点评：“这种两分法有局限性，不能简单地把研究与企业截然分开，认为企业没有研究能力，而研究机构没有商业能力。其实世间还有第三种人，就是发明家型的企业家。美国盛产这种人，中国以后也会多起来的。我们大多数企业包括顶尖企业的研发部，都是开发远远重于研究。好的项目都是研究工程与商业的结合。这不是一个人能做的事，需要一个有效的组织才能做到，这样的组织就是发明型的企业。发明型的企业以前多出现在美国，相信以后中国也会多起来。”

我的投资随想

女性创业者的优势

女性创业者是一个很有争议性的话题，很多人说：在所有大企业、上市公司的 CEO 名单里，没多少是女性创业者。我们拍脑袋想想，好像确实不多。但引人注目的是，面对公众的女性领导人，都是特别优秀的，最著名的是 20 世纪 80 年代的英国首相，有“铁娘子”之称的撒切尔夫人，还有执政 16 年、2021 年卸任的德国总理默克尔。

在美国有通用汽车公司的首位女性 CEO 玛丽·博拉（Mary Barra），她从 2014 年任职以来，业绩斐然。同样在 2014 年，甲骨文公司前首席财务官萨弗拉·卡兹（Safra Catz）被任命为公司 CEO，在她的领导下，这家科技巨头已完成 130 多次战略并购。美国半导体巨头超威半导体公司（AMD）CEO 苏姿丰（Lisa Su）拥有麻省理工学院的电机工程学博士学位，她 2014 年担任 AMD 的 CEO 兼总裁后，这家半导体公司濒临破产的局面得到扭转。2021 年年初，AMD 的市值超过 1 000 亿美元。

在“福布斯中国”发布的 2018 年中国上市公司 10 位最佳女性 CEO 中，格力电器董事长兼总裁董明珠居首位，天齐锂业的吴薇排名第二。另外，董明珠在中国上市公司最佳CEO榜单中排第20名，吴薇排第23名，比百度的李彦宏（第26名）和网易的丁磊（第29名）排位还要靠前。

关于新一代女性创业者，创业邦每年在妇女节前都会推出年度最佳女性创业者榜单，历届榜单中走出的独角兽企业的女性创始人包括摩拜单车创始人胡玮炜、奈雪的茶创始人彭心、小红书创始人瞿芳、超级猩猩创始人刘舒婷、快看漫画创始人陈安妮等。2020年30位上榜者所在企业目前融资轮次主要集中在B轮及C轮，总融资金额突破60亿元，平均融资金额近2亿元，其中占比最高的是企业服务类，代表企业有陈杰创办的百望云（"互联网+税务"C轮企业）、方照雪创办的易快报（电子报销，D轮企业）；接下来是医疗健康相关行业，代表企业有崔霁松创办的诺诚健华（2020年港股上市）和孙美林创办的药研社（新药研发平台，D轮企业）；其余是人工智能和大消费类的创业项目。

根据创业邦统计数据，新一代女性创业者的年龄段接近60%是在30岁到40岁之间，52%的女性创业者为初次创业，拥有两次及以上创业经历的女性创业者占40%左右，可见女性创业者的"存活率"和"成功率"都不低。我们投资的天使项目，不乏由女性创业者建立的，而在我们的明星项目中，也有不少女性创始人。

随着教育的普及和资讯的发达，女性在事业上的发展越来越顺利，其实女性有很多特质是适合创业的。

女性在创业上的第一个优势特质是精打细算，特别是创业初期，企业的资金非常有限，有很多男性创业者只会一味地埋头苦干搞研发、做产品，融到钱之后头脑发热，扩大办公室、广招人、定高薪，钱用得有多快自己都不知道，没钱了只好再去融资。这时问题就出现了：着急融资，谈判筹码大概率偏低，股份会被过度稀释。项目如果还不具备下一轮融资的条件，几乎拿不到新的融资，就只能面临失败的结局。女性创业者在这方面就比较有优势，比如我们投的一个保健品品牌安道生命科技，拿了投资大半年了，一分钱都还没动，因为操盘能力很强的 CEO 庞涛带领的团队很给力，销售业绩翻了几番，经营费用也没涨多少。后来，这个项目估值翻了好几倍，有投资人还追着要买老股。

另外一个人工智能独角兽企业，是我们在 2012 年投资的天使项目，创始人姬晓晨是个“80 后”。公司完成 B 轮融资并搬到新的办公室后，CEO 还带着团队一起搞卫生，连家政公司也赚不了他们的钱。最令我意外的是，公司融资了几千万元，但大部分钱都还在账上。姬晓晨说，还是要存点钱，积谷防饥，让营销团队努努力，自己造血，先学会养活自己。这样的智慧和财商，优秀的男性创业者也没有几个能达到。最让我意外的是，姬晓晨每一次都能超出我们的想象，不管是技术研发、产品迭代、业绩增长，还是融资进度，其成就都超出每一版商业计划书所披露的计划。在 2018 年，这家公司获得了软银中国、商汤科技和中金公司的投资，成为名副其实的智能影像百亿级别企业，也是唯一一家女性担任 CEO 的人工智能技术企业。在这几年的人工智能创业的浪潮里，很多高估值 AI 企业都在持续烧钱，找不到特别适合落地的应用场景，甚至领头羊“AI 四小龙”都还没有实现盈利。但是，这家女性创始人的 AI 企业已经连续 5 年实现盈利和高速增长，也怪不得她能连续入选《财富》中国 40 位 40 岁以下商业精英排行榜。

女性在创业上的第二个优势特质是管理能力强。女性一般比较细心，大小事宜样样都想得周到，该理性的时候就不会感性。几年前，我们投资过一家垂直电商门户，创始人和首席运营官都是女性。创使人说她一般会住在离公司很近的地方，这样公司有什么事她可以第一时间支援，比方说同事忘了带钥匙、夜里有什么突发事件，或者客服的需求等。这个公司在京东、天猫和官网的销售和运营都很不错。公司代理上百个品牌和上千个单品，带领着几十名“80后”“90后”员工，创业5年，业绩每年翻倍。不仅如此，公司平时照样有时间组织各种户外活动。完成A轮融资后，创使人还直接把真实的融资数额发布出来，她说，不来虚的，不想夸大融资金额。这让人不得不佩服她的特立独行。

女性在创业上的第三个优势特质是勇敢和韧性。创业是九死一生的过程，没有勇敢和韧性是坚持不下来的。

女性在创业上的第四个优势特质是：只要决定了，就不会轻易改变和放弃。她们决定一件大事情前会思前想后，想得非常细致、清楚。她们不轻易创业，只要决定了，就不会轻易改变和放弃。2014年，移动互联网和社交时代新媒体的影响力越来越大，企业和产品开始离不开新媒体的传播。有一天我突发奇想，希望投资一家新媒体营销运营公司。当时电商代运营公司不少，基于新媒体的还是很少。朋友推荐了一家中关村创业大街的初创公司——知家。它由一位女性连续创业者牟家和创立。当时公司只有两个人，做的是新媒体培训，积累了不少企业客户。我向创始人建议尝试增加新媒体营销服务，甚至可以帮客户促成销售，这样可以多赚几道钱。其实当时创始人也是这么想的，在她心中就是有这样的远景规划，我们一拍即合，我当即决定投资。这笔种子投资加快了知家走向资本的步伐。后来我们又追加了天使轮投资。几年下来，牟总经历了很多挑战，作为一位年轻的妈妈和连续创业者，她越战越勇，甚至把房子也拿出来抵押，难得的是，她先生也鼎力支持她的事业。2020年年底，知家完成了A轮融资，投资方是产业客户，这些年来，知家已经成长为一家几百人的新营销服务商，为500多家企业提供DTC（direct to customer）[①] 新营销全平台，用“品一

---

① DTC，指直接面对消费者的营销模式。作为一种全新的商业模式，DTC给我们带来很多创业机会，更多内容可阅读由中国商品流通业信息技术和互联网专家、IBM中国有限公司商品流通业顾问杨德宏所著的《如何打造成功的DTC品牌》，该书为DTC品牌的创业者带来成熟的方法论和落地的步骤。该书中文简体字版由湛庐引进、浙江教育出版社于2023年出版。——编者注

效一销”的运营方式帮助 DTC 品牌实现业绩增长和品牌增值，年收入过亿元。知家也孵化了好几个知名的抖音账号，如醉鹅娘、子安、斯坦福妈妈，并建立了新能源汽车行业第一家直播销售基地，首次直播就实现了过亿元的销售额。

2013 年前我在北京投资了一位中国香港女性创业者的项目，她做的是电影制作和宣发。投资她有 3 点原因：第一，我欣赏她对电影的热爱；第二，我认为熟悉港台电影行业的经验很重要；第三，她学过也做过投资。影视艺术圈有财商的人不多见，我作为同是“北漂”的天使投资人，不投资她投资谁呢？虽然前期有很多不顺利——她身体不太好，运气也欠佳，电影好不容易拍好了，又因为男一号的个人言论问题导致票房受到影响——但我还是一如既往地支持她，并一再鼓励她。创业是一场马拉松，有时会跌倒，但是不管多困难，只要有一线希望，就不要轻言放弃，因为中途停下来等于出局，前面的努力等于白费。我和朋友后来连续两次注资这个项目，从天使投资人变成了联合创始人兼董事长。我们相信，过了几道坎，公司会越走越顺。这是我投资过的最坚强的女性创始人，她的创业精神很多男性创业者也比不上。

我们旗下基金还投资了一个明星项目超级猩猩，它目前已经是独角兽公司。公司通过线下团体课工作室，为城市的健身爱好者提供了多样化的健身课程，包括瘦身塑形、运动表现提升、亚健康改善、拳击和舞蹈、儿童潜能开发等内容。在 2014 年超级猩猩准备起步的时候，创始人刘舒婷突然发现自己怀孕了，但她还是下决心辞掉了工作，全力以赴开始创业。基金创始合伙人王利杰当年本来比较犹豫，听完这个故事之后马上决定投资 200 万元，成为超级猩猩的第一位天使投资人。刘总对运动的理解是，一旦你找到了运动的感觉，它就会变成一个必需品。因为运动的时候你会发现一个勇敢的自己，而每一个人都希望能够肯定自己。时隔 7 年，超级猩猩于 2021 年年中完成数亿元的 E 轮融资，估值近 10 亿美元，由中金资本旗下基金领投。超级猩猩目前在深圳、上海、北京等 8 大城市拥有近 200 家直营门店。在 2019 年年初超级猩猩就完成了 3.6 亿元的 D 轮融资，星界资本、曜为资本联合领投，东方弘泰资本跟投。

至此，本章专栏中我们列举了很多成功的女性商界领袖、女性创始人领导的新经济企业、独角兽，也讲了好几个女性创业者感人的故事，要感谢现代的教育和互联网时代给予女性创业者更多的机会和发挥空间。虽然和男性企业家比较，目前的女性企业家人数比例还是相对较低，但从选择创始人的角度来说，我们至少可以了解到现今加入创业大军的优秀女性是越来越多。站在投资人的角度，我们更应该给予女性创业者公平的机会。

ANGEL INVESTING

第 10 章

步骤 5，结合 SaaS 系统，提高投资成功率

这一章，我们来研究如何把“天地人1234法则”正式应用到天使投资机构的实践中，以及如何将科学天使投资理论与SaaS系统结合起来，提高投资成功率。

深挖创投圈信息化管理的痛点

创投圈就像一个江湖，里面的机构各有各的武林派系，各有一套自己独有的投资法则。与先进理念形成对比的是，各大投资机构内部的信息化管理比较落后，只有极少数机构使用投资管理系统，且系统供应商主要来自国外，主要针对金融投资，价格昂贵，至少是百万元级别。

机构使用落后的系统可能有几个原因：一是股权投资市场规模并不大，软件服务商想象空间太小；二是投资机构人数较少，日常需要内部沟通、协作的事情并不多；三是投资机构和项目方都签订了保密协议，这种传统和封闭的生态要求的是一套封闭式的系统。但这样会有如下问题：一是时间长了，大家的邮件、文档、商业计划书都在自己的电脑或云端，变成信息孤岛；二是项目从入库建档、尽调到整个投资决策流程的信息都会被淹没在微信群、邮件或会议之中，无法追溯；三是人员流动时的项目信息交接不清楚，好的项目可能会被人带走，投资失误时找不到人问责。

用 PSI 系统管理募、投、管、退

当年我做手机分销时，公司开发了一套进销存 SaaS 管理软件 PSI（purchase、sales、inventory）系统，把每一台手机的进货、调仓、销售、发货、店家售出和店员奖励整个过程都记录下来。项目投资过程类似于进、销、存的过程和原理，先是项目入库、立项、尽调、投决，之后是投后管理和退出。有这个想法后，我下决心创建一套独特的早期投资机构管理系统，把科学的天使投资法则植入系统。

2014 年，我发现在北京新成立的某 VC 机构也没有使用成熟的投资管理软件时，就想着做一套既能把投资机构的内部作业流程管起来，又能帮助内部人员社交、学习和实战的投资管理工具。这样，团队所有人都能在一个平台畅所欲言、互相促进。当然，这个系统应能将尽调和投资建议书、投决文件还有相应凭证加密上传，并在云端长期保存和管理它们。

我花大半年时间做出了投资 SaaS 系统的架构设计、流程设计和用户界面设计，并将它交给我当年的手机分销管理系统的 IT 研发团队。他们很快就读懂了我的需求，用了 3 个月的时间把 demo 开发出来。我给这一套我们自研的 PSI 系统赋予了一个新含义——project、smart、interaction，即项目智能互动系统。

将“天地人 1234 法则”植入 PSI 系统

老鹰的 PSI 系统功能融合了投资机构的募资、投资、管理、退出步骤，简称募、投、管、退 4 个要素，会为每一期新的基金建立专属模块。基金模块下设 8 大功能，包括项目入库、项目立项、项目过会、已投项目、跟踪项目、放弃项目、退出项目、失败项目，既充分体现了以项目为主导的进、销、存的作业流程，也方便我们未来的分类与数据分析工作。

在这个系统下，我们会给每个创业项目进行科学分类，并将它融入 20 个项目来源渠道；记录外部介绍人和联系电话、内部对接人等信息；将每一个商业计划书根据软赛道、硬赛道、智赛道、数赛道 4 大赛道进行分类，再在每个赛道之下建立行业细分，这些行业细分可以根据新增创业风口和模式自行创建和增加；在每个项目的资料卡上建立项目管理小组，记录项目主管、分管合伙人、投后负责人等信息。

项目打分与评级系统

我们的 PSI 系统有个独特和创新的功能：打分评级机制。我们要求项目小组对每个关联项目进行背靠背打分，并为之建立了 10 条打分准则来打分，每一条预设值 5 分，满分 10 分。该项目的项目评级结果由打分人决定。

每个项目可分为 S 级、A 级、B 级、C 级 4 个等级，系统会根据分值给出建议：S 级项目 90 分以上，属于非常好的项目，建议领投、股份占比 10% 以上，并需要董事席位；A 级项目为 80 ～ 90 分，属于好项目，建议跟投、合投，条件是项目方要找到知名机构进行领投，我方跟投并要求董事会监事席位，如果下一轮项目发展超出预期，则可根据新的打分评级结果升级为 S 级并继续跟投；B 级为 70 ～ 80 分，属于值得跟踪的项目，不建议投资，但同时要求投资经理每季度跟进项目，以确定是否需要调级并重新制定投资策略；C 级为 70 分以下，建议放弃该项目，只按赛道和项目分类进行存档并定期更新信息。

PSI 系统的外部链接

早在 2005 年，我们的 PSI 系统就设计了与外部链接的功能。我们在基金官网加入了一条公众投递商业计划书的通道，创业者通过此通道上传商业计划书时，系统会自行录入必要的个人背景信息、项目资料卡、联系方式、回答问卷，最后一键上传商业计划书。这样做会大大节省我们投资经理的项目建档和入库时间，后台收到项目投递之后也会自动提醒相关项目赛道的投资经理。筛选之后，投资经理可以轻松把符合入库条件项目的所有资料一键转存到对应的某期基金库，以便进行初步尽调和申请立项。

PSI 系统还开放了一个针对被投企业投后数据跟踪的接口，我们要求项目方定时登录填写项目的动态更新信息，并上传必要的数据和文档。我们也有一个有限合伙人出资方端口，以便有限合伙人查询和阅读基金季度报告、半年报和年报。

投后管理模块

不是每个投资人都能形成自己的方法论，不是每个方法论都能程序化和工具化，能够程序化的方法论也不一定都是有效的。我们希望有一套可溯源、真正做到无纸办公的投资管理工具，因此，我们的系统还开发了移动版，每一位同事可通过微信小程序登录系统，随时处理项目的访谈纪要、投资点评和打分评级。相信随着时间的推移，系统上的数据将会是我们机构最有价值的资产之一。

当然，我们还有投后管理模块。除能够实时查看每只基金、每个项目最新的内部收益率和投资回报倍数（multiple of capital contribution, MOC）之外，系统还要求项目主管和投后负责人对每个项目定期进行风险评估。我们有一个项目投后打分评级准则，分行业状态、业务状况、财务状况、资本状态、团队状态等 5 个维度，每个维度从很差到很好，又分为 5 个级别。我们特别在团队状态这一项建立了 5 条评估内容，分别是协议合规执行、业务落地能力、信息透明度、投后配合度和财务管理能力。打分结果出来后，系统将会根据总分把项目的投后风险评级分为绿色、黄色、红色、黑色 4 个等级，管理层和投后负责人将根据这 4 个等级制定下一步对应的措施和行动计划。

系统的自我决策能力

系统上线后，我们发现投资效率明显提高；同时，新招聘的分析师和投资经理，也因可查看基金过往的投资案例和投资全过程，上手很快。曾经有一个出国留学的创业项目，是我们一个被投企业创始人介绍过来的，说这是一个好项目。出于信任，我亲自在系统建档，并做了简单点评，初步打了 80 分，并随手做了立项操作，然后指定项目主管和创始人做访谈和交流，完成后他们打了 60 多分。我又要求合伙人和几位同事与创始人继续交流，没想到回来后的访谈纪要、点评比较平庸，打分结果都是 70 分不到。有一位同事怕得罪我，悄悄打了 79.5 分。但按规定还是不能立项。我一看就明白自己错了，感谢这个 PSI 系统，它让员工通过数据否决项目人的错误决定，以降低投资风险。

募资助攻手

在向某国资大型引导基金申请配资时，我们的这套 PSI 系统还勾起了潜在投资人的兴趣。他们后来与我们就 PSI 系统进行了深度交流，并提出自己的一些想法，同时委托我们代为研发一套专属的母基金加直投的基金投资管理系统。我们很快就建立了研发小组并连续作战，在很短的时间之内，把 PSI 系统升级为标准的母基金加直投加资产管理的 SaaS 管理系统，也因此顺利获得了该国资引导基金的配置。

本章介绍了老鹰基金独有的投资管理 SaaS 系统——项目智能互动管理系统 PSI，希望能帮助读者理解研发这套系统的初心、功能和产生的价值。后续我们将继续升级这套系统，让基金合伙人和每一位投资团队成员的收益分配和奖金都和每一个项目的业绩挂钩。另外，我们还会考虑到离职员工的服务期限归属问题，并让员工在离开公司之后，也能拿到后期分配的收益和奖金。

我的投资随想

天使投资的 7 个教训和感悟

第一，坚持用“投赛道 + 投人法则”的方法选项目

我多次提到，天使投资的本质是在不确定性中寻找未来的确定性。一个创业项目要经历很多次的迭代和升级才能慢慢走出来，在此过程中的产品、模式、发展是不确定的，赛道本身也有很多不确定的因素会影响行业的发展进程。比如 2015 年、2016 年那两年是 AR 和 VR 创业的风口，我们投了五六个 AR、VR 项目，我朋友还成立了 VR 专项基金，要重仓这个赛道。当时我则认为行业爆发没那么快，AR、VR 短期看有很多技术瓶颈，但是长期看这个赛道是成立的。当时最大的项目应该是暴风影音推出的 VR 眼镜，估值奇高，好多大机构、上市公司纷纷押宝跟进。后来大家都知道了，是一地鸡毛。反之，我们投的几个 AR 和 VR，由于投对了人，尽管行业有着几年低迷期，但创始人历尽艰辛还是坚持走下来了。现在 AR、VR 又成为元宇宙风口项目了，如小签科技、沉浸世界、太虚 AR、影目科技、无限引力等。

其实微软、谷歌、Facebook 早就在布局了。谷歌在 2012 年发布了谷

歌眼镜（Google Glass），却迟迟没有将其推向市场，2016 年 5 月，谷歌又发布了基于 Android N 系统的 Day Dream VR 平台。2016 年微软在开发者专属商店发布了 HoloLens 产品，让用户可以进行虚拟或现实的多人交互游戏，可以像科幻片中的场景一样查看在空中的新闻信息流、视频和天气预报。早在 2014 年，Facebook 就以 20 亿美元收购了 VR 厂商 Oculus。看起来扎克伯格想用 VR 颠覆社交方式，他还宣布：未来 10 年，AR、VR 会成为其远景布局中的两大支柱之一。现在他说到做到了，还把公司改名为 Meta。

其实，看赛道应看远不看近。拿不准一个项目的时候，要习惯往后退一步，深入研究这个赛道需要多久才会真正启动市场。如果是 5 年以上，就要和创始人进行深度沟通，从项目的愿景聊起。如果他只能聊 2 ～ 3 年以内的事情，那么他的认知还不足以支撑他做起这个项目。

第二，要看清海归创业者的优势和劣势

中国有句话，外来的和尚好念经。但还有句话：外国的月亮不比中国圆。可见，事情都有两面性。

互联网过往 20 年的进化过程中，有百度李彦宏、搜狐张朝阳的海归创业成功案例，也有 5 个哈佛 MBA 毕业生组建亿唐网，不到 3 年花光 5 000 万美元的失败案例。我觉得海归创业者有几个优势：一是语言优势，他们能够更快地掌握国外最新创业模式；二是学过技术，高校学府实验室有很多可商业化的科研成果；三是视野开阔。

海归创业也有几个弱势：一是水土不服，创业者长期在国外，基本就是半个外国人，回国需要几年时间适应本土情况；二是缺乏磨合过的创业

团队，很多人都是单枪匹马走天下；三是如果他的家庭还在国外，可能就不能全心全意创业。

我们遭遇过两个海归创业失败案例。一个是医疗项目，从创始人简历看，他是非常厉害的人物。我们几个朋友是带着三顾茅庐的诚意，2014年就投资到账等他回国创业，估值翻了10倍后又拿出3倍投资。可惜项目最终还是失败了，原因是创始人水土不服，没有创业伙伴，没有接地气的产品和模式。另一个项目是手机移动垂直搜索项目，创始人是海外名校的人工智能博士，我们几个机构投了2 000多万元。创始人回国后折腾了3年，但产品没有上线，也没有收入，最后他没有任何交代就跑去美国了。我们在过程中和这两个项目的创始人沟通了多次，可惜都没有办法改变他们的思维和经营方式。

海归创业者想成功，就要尽快本土化，在国内找到志同道合且互补的合伙人一起创业。

第三，不是每一个高管出身的创业者都能变老板

大厂的高管出来创业，往往是带着光环的，他们有很多优势，自己本身就是学霸，再加上大厂经验，有平台流量和资源护身，所以拿着商业计划书一入场就喊自己项目估值能达到上亿元。当年，有一位从百度离职的科学家创业做AI芯片，天使轮开价1亿美元，我们收到商业计划书，看后觉得估值太高，所以没有主动约见创始人，算是错过了。现在这个项目估值已经到了十几亿美元，但是做的产品和当初的设想已经是大相径庭。当然，带着光环的大厂高管往往也有其自身的很多问题和局限性。首先，甲方思维很难换位思考，创业者在很多时候需要有乙方思维，特别是融资、销售、维护客情时。其次，习惯“大进大出”，就是设定很大的预算去做

大事，创业公司预算本来就少，经不起这样折腾。最后就是习惯性的“山头主义”思维，而不是老板当家一盘棋的思维，部门主管是各家自扫门前雪，自己的部门利益、权利、资源要最大化，至于其他部门，那是公司的事、老板的事。

一位高管出身的创始人曾跟我说，碰上高管创业一定要小心，这里面坑太多了。有一位我们投资了 3 次的高管创始人，他做的是快消行业的项目。开始的时候很顺利，投了天使之后，很快又融资两轮，估值翻了十几倍。我们还卖了部分老股，赚了点小钱，拿回了成本。可是，他们赚到了大钱之后，心态开始变化，也不听我的劝告，高举高打，急于扩张带来的是快速增加的管理成本和高昂的营销成本，结果销售不如预期，资金很快超过预算，只能收缩规模、降低成本。企业失去了前进的动力，也就很难拿到新一轮融资。

我们共同做了复盘，创始人承认他的确犯了“大公司病”。以前自己是部门主管，要资源有资源，要钱有钱，公司能给够他足够的预算去打市场。现在不一样，什么都得自己计算成本和控制预算，他真正体会了创业的不易，也理解了我经常说的创业者要学会 4 个“最”：用最低的成本，在最短的时间，用最高的效率，做最正确的事。

第四，人品是创业路上最大的底牌

前文已详细讲过人品相关的必要信息，在此不再赘述，需要强调的是：天使投资人一半是投、一半是渡。创业难免遇到挫折，创始人除了更坚守初心，还要诚实守信，我的偶像巴菲特谈到企业家人品问题时说：没有人品，其他都是零。看来人品是创业路上最大的底牌。这个和我们的“看团队 1234 法则”里面的“2 品”高度重合。我们需要做的就是大浪淘沙，找出那个历经艰辛却依旧诚实守信、坚守初心的明珠！

有一个项目的创业者让我钦佩。我们多年前投资过一个体育电商平台的公司，项目早期的发展太顺利，使我们忽视了风险的防护。线上运营成本升高转战线下后，却因为投入太重而积重难返。创始人与合伙人即使把房子都抵押出去贷款给公司，还是逃不过清算的命运。这位创始人对股东承诺，以后一定会补偿他们，然后迅速积极投身到直播领域，一边寻找新的机会，一边认真带货还债。

第五，不好的项目要主动“止损”，而不是被动加仓

天使投资行业投资失败率超过 50% 都算是正常水平。项目有时候会因为各种原因，比如融资不顺利、应收账款尚未追回而面临资金链断裂的情况。有些天使投资人因为怕损失已投入的钱会去追加投资，或者将项目介绍给朋友，让他们投资以帮助项目方解决燃眉之急。

我的意见是，在做下一步决策前，你应再多了解下项目的实际运营情况及创始人，问问自己对项目的前景是否有足够的把握；如果没有把握，你不能邀请朋友来对项目进行哪怕是低估值的投资，介绍早晚会出问题的项目等于欠一个需要还的人情债。如果你确实对项目有把握，那就应该义无反顾地继续追加投资，也可以邀请朋友进来。在公司最困难的时候挺身而出，倒会让朋友和创始人都记一份你的情。

我们也碰到过投后资金链出问题的项目，其创始人请我再帮他一次。那是我看好并领投的项目，创始人性格上有些缺点，但是确实很专业，产品也做得很好，因而在我们的小伙伴反对的情况下，我依然自己拿钱注入该项目，还邀请了 3 位有限合伙人和好朋友加棒投资，可惜的是，创始人

在融资过程中犯了几个不该犯的错误，导致投资方跳单。在没有回头路的情况下，眼看这家公司生意还不错，只是缺少供应链流动资金，我们又筹集了一笔资金继续支持它。但是为时已晚，项目只能进入维持状态。这个项目虽是该细分行业做得最早的，但一个与它起步时间差不多的竞品公司因为融资快、业务发展快，甚至已经上了纳斯达克。这是一个教训，应该引以为戒。

第六，好项目不怕错过，怕的是你不敢补一枪、追一枪

做天使投资错过好项目很正常。作为一个独立天使投资人，你不可能找到并看完全部的项目，而是需要根据自己的社交圈子和活动进行有效的覆盖。此外，做天使投资也是一个不断升级认知的过程，学无止境，一些好的项目可能会因一时的无知而被其他投资人或机构抢先。

在面对之前错过的项目时，要回想一下之前为何会选择放弃，是因为不看好，还是没看懂？如果是后者，就可以运用“天地人 1234 法则”重新梳理一遍，以评估一个新项目的心态来对待，想办法和创始人再展开深度交流，正确看待每个项目在不同时间的价值差额。只有足够客观，才能够接受项目新的估值——这其实是为自己的认知买单。红杉资本沈南鹏当初就错过今日头条的 A 轮，不过他在 B 轮、C 轮又分别追了一枪——虽然投资成本高了几倍，但是与后续的增值倍数比，不值一提。

第七，天使投资不会失败，除非创业者放弃

我做天使投资那么多年有一个深刻的体会：投对了人，就不用担心项目失败。真正的创业者不仅情商高、逆商高，而且学习能力很强，就算一个项目失利，过不了一两个月，他又会启动新的项目；同时，他会在新公

司给上一个项目的投资人补偿相应的股份。我们就收到过好几个创始人再次创业时赠送的股份。我们投资过一个基于 VR 虚拟现实的眼球控制科技公司，技术属于世界领先水平，可惜前几年 VR 概念在资本圈遇冷，新的融资进不来，创始人虽自己追加了几百万元，最后还是失败了。后来，创始人转型进入电子烟行业，研发最难的发热芯技术，同时向我们转赠了股份。我们还投过一家咖啡连锁公司，创始人具有 20 年的咖啡行业连锁运营经验，中标某城市地铁独家咖啡连锁经营权，打算验证模式并复制落地。项目失败后，这位创始人东山再起，创立了咖啡品牌“冷萃”，也平移了 10% 的股权给我们。

我也经常在我们鹰派掌门 CEO 群、老鹰基金的被投企业 CEO 群发信息鼓励大家：只要你不放弃自己，我也不会放弃你。行业内，很多人都知道我对看好的被投企业的支持是无底线的。我经常把自己看成被投企业的资本合伙人或联合创始人。虽然没有时间去公司上班，但公司需要我时必定全力以赴。想要成功，最重要的还是在正确的赛道上选对人、投对人，也就是找到你心目中的创业“三才”。

ANGEL INVESTING

第 11 章

步骤 6，天使退出，解密创投圈食物链

做天使投资的一个最吸引人的地方是潜在回报率很高。但如何把账面回报率变成看得见、摸得着的现金回报，就很考验投资人的退出能力了。有句话说：投得好，也要退得好。如何把握时机，抓住不同的退出机会，选择最佳退出途径，是本章要分享的主要内容。

其实，项目的每一轮融资都是退出的最好时机，有了新的定价，参照行业惯例一般打个 9 折就可以出售老股。投资人也可以和项目方约定一个远期的团队回购机制，提前锁定退出机会，降低投资风险。如果是机构股东，可以把基金持有的份额转让给一些专门接老股和基金份额的 S 基金。当然，收益最大的时候是等公司上市后，股权变成股票，在二级市场出售套现。

所以本章也重点介绍了国内外几个上市股票交易所的基本情况。关于天使投资最重要的“接盘侠”——VC 和 PE 投资机构的介绍，还有专注于发行专项基金的 Pre-IPO 投资机构。有了这些机构的接力，被投企业不管在资金实力、机构背书和产业资源方面都有巨大的加持，作为老股东，天使投资人的日子自然会好过不少。

重视流动性，以资产配置思路做天使投资

很多人会问：如何确保投资本金有一定的流动性？万一需要退出或变现时该怎么办？这些都是好问题。从股权投资和一级市场投资基金的本质看，天使投资是一个长期且相对封闭的创业投资行为，投资人应该用资产配置的策略来处理早期投资，而这部分资金理论上应是长期不动且可以承受一定投资风险的，目的是换取高额回报的机会。考虑到部分投资人自身的经营状况和短期资金需求，我在这里列举 5 种常见的早期投资退出机制以供参考。

老股交易

读到这里，相信你已经了解应该投什么、为什么投、投多少、投多久，还有如何估值。天使投资最大的好处是没有太多估值泡沫；一个项目经过几轮融资，至少会有几十倍的升值。

早期投资的项目只要有了知名投资机构领投的下一轮，就基本成立了老股交易机制。投资机构一般希望多占股，在项目方不希望每一轮稀释太多股份的情况下，新投资方往往会去找老股东买一部分股份。老股东可以卖一部分套现，新股东也会因买打折的老股而降低平均投资成本，这就是双赢。

S 基金

创投圈这几年出现了新的二手基金投资模式，即前面提过的 S 基金，也就是私募股权二级市场的基金。S 份额是私募股权基金份额的权益，也就是有限合伙人在投资基金里面的出资份额；根据买卖双方谈定的机构进行交易，按照标准是基金的最新财报所标注的基金关键财务指标，比如账面投资回报率、投资回报倍数和可分配的基金收益（distribution over paid in, DPI，计算公式为 DPI= 已分配收益 / 基金规模）等数据。

举个例子，某天使基金产品规模 1 亿元，年期 8 年，延长期 2 年，有限合伙人甲投资了 500 万元，占有基金份额 5%，6 年之后该基金投资了 20 个项目，同时，在第 5 年、第 6 年分别有项目老股退出各 1 000 万元的分配，2 年共计 2 000 万元（DPI=2 000 万元 /1 亿元 =0.2），根据所有项目完成的最新一轮估值为基准，计算出该基金现值为 3.8 亿元，那么“基金的增值倍数 = 基金现值 / 基金规模 =3.8/1=3.8”，这时甲在基金的份额就是 500 万元 ×3.8=1 900 万元；如果他因个人原因想提前退出，就可以把份额转让给潜在购买方，这个份额就是基金的 S 份额（secondary share），买方可以提出一个折扣价，按行业惯例来说，折扣一般在 7 折到 9 折之间，根据个别基金的投资回报率表现和未来可预期分配的收益而定。当然，还有人喜欢“挑肥拣瘦”，选择基金投资组合中主要明星项目的价值和未来增值预测，他们可能会把基金的明星项目挑出来，单独来谈购买这些项目的老股份额，但是这种交易一般很难谈成，还是打包一起交易更合理。

团队回购

天使投资协议有个标准条款：在项目 5 年之后，投资方有权要求创始人按照当时投资的本金加一定的资金成本（一般年化利率在 10% 上下，具体由双方约定）进行回购。很多创始人比较抗拒这个条款，但其实这是对天使投资人回馈的一种态度。如果项目经营失败，倒闭清算，创始人也没有能力进行回购，这个条款将自动失效。反之如果项目发展顺利，假设 5 年内每年都完成了一轮新的融资，每次估值翻一倍，按照复利计算就是 2 倍、4 倍、8 倍、16 倍、32 倍，假设投资人的股权被多次稀释后剩下一半，按照升值 32 倍后打 5 折还有 16 倍，投资人按照股权现有价值再打 8 折都有超过 10 倍的投资收益。

这时，如果按照当初本金加利息的协议条款进行回购，投资人投资 6 年，拿回本金加 60% 的单利资金成本，反而是吃亏的，这个回购条款在项目进行第二次、第三次融资后基本就失去原来的意义了。投资人那时就能以上面提到的按照下一轮估值出售手上持有的老股份额了。

并购退出

上市公司、并购基金、产业基金、大平台的战略并购、控股收购和全资收购会给投资人一个退出机会。很多上市公司由于主营业务比较传统、人才思想固化而缺乏内部创新机制，很难孵化和投资创新项目，毕竟创新项目另外一个代名词就是“亏损企业”。只要上市公司占股超过 20%，就必须把这个“亏损企业”合并进损益表，这会侵蚀上市公司的盈利水平。所以，上市公司只能选择盈利企业并按照最新的估值和溢价进行投资或并购。这时投资人、老股东并购退出的机会就来了。

并购基金则一般是投资机构帮助上市公司在体外成立的专项后期投资基金，它针对上市公司的产业上下游进行布局，选择一个或几个未来有并购机会的项目标的，分阶段进行投资，等到对赌的时间和业绩达到双方约定的指标，并购基金就会把该项目标的交给上市公司，以便其进行控股并购或全资收购。

上市退出

境外上市

被投企业符合境外不同国家和地方证券交易所上市要求后，可以在境外证券交易所公开上市。境外上市有直接上市与间接上市两种模式。境外直接上市就是以国内公司的名义向国外证券交易所申请发行股票在当地挂牌上市交易，在美国纽约交易所上市的叫 N 股、在新加坡交易所上市叫 S 股等，当然还可以选择去德国、英国、加拿大的几个次热门交易所挂牌上市。

以间接方式在海外上市，就是国内公司个人股东通过外汇管理局的 37 号文①登记批准，或投资基金通过境外投资备案流程（outbound direct investment, ODI）方式②直接到境外持股。拟上市企业到境外注册控股公司，然后境外控股公司以收购、股权置换等方式取得国内资产的控制权，再将境外控股公司拿到境外交易所上市。在境外上市的好处有几个：第一，企业变成一家海外上市公司，增加国际市场知名度，公司股东更加多元化；第二，企业上市后大股东和投资人禁售期相对 A 股短一些，上市后减持更加方便；第三，上市公司股票成为美元资产，变现交税后可继续进行投资增值。ODI 和 37 号文两者有本质上的不同，同时也有相似点，即都持

① 外汇管理局 2014 年发布《国家外汇管理局关于境内居民通过特殊目的公司境外投融资及返程投资外汇管理有关问题的通知》，旨在规范中国境内居民去境外设立特殊目的公司进行投融资或返程投资的外汇登记的相关行为。——编者注

② 企业和投资基金产品对外直接投资的备案登记，手续比较复杂烦琐，牵涉商务厅、发展改革委、外汇管理局等多部门审批，可获批一定的外汇额度，以满足企业的跨境投资合规需求和跨境注入资本金需求。一般申请周期需要 3 个月。——编者注

有境外公司股权。你投资的企业完成股改，准备到境外申请上市时，就需要开始走这个流程。一般情况下是，个人投资者和公司创始团队走 37 号文到境外设立持股公司，投资基金产品和企业投资人则走 ODI。这是两种完全不同的出境路线。

境内上市

被投企业公司做大达到上市要求后，可以向证监会申请在深圳和上海 A 股证券交易所发行股票上市交易，对此我只有一点提醒：证监会在 2022 年 2 月出台了一个新规，对 A 股提交 IPO 申报前突击入股的定义从 6 个月前变成了 IPO 申报前 12 个月，在此期间入股的新股东要锁定股份 36 个月。这无疑增加了今后投资机构短期套利的风险，而拉长突击入股的认定期，变相鼓励了投资人投早、投小。近几年资本圈对初创企业的热情远远比不上对拟 IPO 企业的热情，新规也是在有意改善这种情况。境内上市有几种方式可考虑。

- 科创板与 A 股注册制

  科创板 2019 年年中上线，其试行的注册制也开始得到其他 A 股市场的效仿。科创板一个非常利好的政策是外资企业、红筹结构、可变利益实体（VIE）企业可以直接申请上市挂牌，股票交易后可直接购买外汇出境。已经上市的红筹架构上市公司有华润微和 9 号机器人。随着上海科创板注册制的成功启航，深圳创业板也宣布了实施注册制管理办法。我相信上市申请从核准制改为注册制将会是A股未来的标配，因为它有助于国内企业和国际接轨，提高上市申请审批效率。

- 新三板

  从 2014 年开始，北京新三板就多了一个退出通道，互联网和科技创新型企业往往刚过 A 轮，或甚至刚拿完天使，就直奔新三板。因为只要有两年完整业绩报表，亏损的企业也能上市，所以企业纷纷成立新三板专项基金，参与定增或股改前投资。新三板的上市企业主要是创新型、创业型、成长型中小微企业，普遍规模较小，尚未形成稳定的盈利模式。新三板短期内虽缺乏流动性，但长期来看会有大机会。因为新三板分层已经很清晰，企业根据发展的路径可以升级跳层。从精选层“毕业”后，企业就可以进北京证券交易所交易挂牌，成为名副其实的上市公司。

2021 年 11 月 15 日，北京证券交易所开盘第一天，首批上市的 10 家企业股份大涨。与此前新三板精选层相比，北京证券交易所第一天总成交额 95.73 亿元，约是前一周周五精选层总成交量的 5 倍。北京证券交易所将实行注册制，使退市和上市更加便捷，体系可能更接近纳斯达克。这是“专精特新”中小企业一个新的退出通道，“专”指的是专业化生产和技术，“精”指的是精细化的工艺和产品，“特”指的是独特的原材料和服务，“新”可以理解为自主创新的科技成果转化。

值得一提的是，北京证券交易所对互联网和科技创新被投企业非常利好，只要是新经济的巨大支柱，即使企业暂时亏损，也可以直接在北京证券交易所上市。

从天使到 IPO，解密创投全路径

天使投资要考虑退出的问题。创投圈的食物链可以很长：天使轮到公司上市 IPO 的融资，大致可分为早期 VC、成长期 VC、PE 和 Pre-IPO 这几个阶段，中间还可能出现合并、并购，获得政府、产业、上市公司或大平台战略投资等情况。这条食物链可长可短，短的两三年，如快手 3 年、瑞幸咖啡 2 年，长的则需要 10 年甚至 20 年。影响企业上市的因素很多，如行业和市场情况、企业和业绩基本面、融资和资本布局等。

VC 投资阶段的特点

VC 投资一般指天使轮之后的投融资阶段，分为早期 VC 和成长期 VC，可以简单地分为 A、B、C 轮：A 轮投资一般是两三千万元以上；B 轮投资千万美元以上；C 轮出手往往是 1 亿美元以上；D 轮开始就应该进入 PE 投资了。烧钱快的企业有时还会在中途做一个加轮，比如当时滴滴出行获得苹果投资 10 亿美元时，就是在 D+ 轮。

VC 投资和天使投资最大的不同就是：项目模式和数据已经得到验证，看起来前景一片辉煌。但是，有些项目离天使轮才过没几个月，估值就翻了 3 ～ 5 倍，这时接盘的 VC 投资人就会眼红天使投资人。所以，最近好几个著名的 VC 机构都成立了早期投资基金——这证明天使投资的价值越来越得到 VC 专家们的认可。

VC 投资人除了要赌赛道、项目数据，肯定也要赌人。为什么是赌呢？因为他们要投大笔资金押宝给这个创始人。一般 VC 的投资人都要占股 20% 以上，而天使轮或 PreA 轮之后的项目，很多估值都到了 1.5 亿元，20% 就是 3 000 万元。我们有一个 AR 眼镜的案例，年初时按照 6 000 万元的估值投了 600 万元，占 10%，没想到刚交割完不久，元宇宙概念就来了。一位好朋友按照 3 亿元的估值投了 3 000 万元，最近又有大机构要按照 6 亿元估值投 8 000 万元到 1 亿元。就在我写这本书时，一个 2015 年种子投资的 AR 技术应用项目又追加了 3 轮，其创始人在凌晨发来信息，告诉我他喜提新一轮投资意向书。

VC 阶段的投资人更重视创始人的格局和人品，因为一个年轻人如果手上突然多了几千万元或几亿元，可能因难抵诱惑而做出一些损害股东利益的事。我投过的天使项目中，就有不少创始人想将这些资金挪为己用。

中国 VC 行业的多元化格局

我发现 VC 行业近几年变化很大，因为资本的力量对互联网和科技企业的发展和推动力很大。除了传统的美元 VC，大量本土人民币 VC 机构也纷纷成立，各地政府还设立了创业引导基金。创业引导基金除了能扶持创业投资机构，还可以通过有反投要求的配资，加大招商引资的力度，为本地 GDP 做贡献。资金实力雄厚的央企、国企如今也纷纷开始成立产业基金、PE 基金。国家方面也有大型国家级引导基金、产业基金、创投基金等，以促进产业和资本的结合。部分创业者公司上市之后，开始重视资本创造的财富。他们开始投资成为有限合伙人，或成立家族办公室；上市公司及还没上市的独角兽企业也会成立战略投资部或联合著名的投资机构成立并购基金、产业基金，以加大对产业链、上下游、创新企业的投资和布局。互联网巨头，特别是腾讯和阿里巴巴，已因过去 10 年在创投行业的成功布局开始获得巨额回报：过去两年，腾讯有一半的利润来自 VC 投资。

中国的 VC 行业根据 VC 的资金来源、股份结构、团队背景、投资策略，有着不同的专业类型、投资方向和投资风格。

第一类是纯美元 VC，主要投资属于可变利益实体结构和海外架构的创业公司。属于此类的投资人投资阶段相对靠后，多数是从 B 轮开始。他们一般很有钱且不在乎价格，不怕项目烧钱；只要对方是知名互联网、科技类头部企业，有机会 IPO，他们都敢下注，而且经常会主动出击，找各种关系联系明星企业创始人来抢份额，有时他们甚至会抬高估值把对手赶走。代表性的美元 VC 有华平投资、凯雷资本、多尔投资、淡马锡、软银中国和老虎基金等机构，早期的互联网企业如新浪、百度、搜狐、网易都有他们的投资。

第二类是国际品牌和双币 VC，即美元加人民币，代表机构有红杉资本、高瓴资本、IDG 资本、经纬中国等。他们同样偏美元基金投资风格，投资赛道和阶段覆盖很广，他们的身影出现在数字新媒体行业、互联网、物联网、机器人、医疗健康、文化娱乐、新消费、餐饮连锁等多个城域。他们不怕错过一轮或两轮融资，也不会只投资一轮或两轮，只要项目跑出业绩了，他们就会继续加仓追加投资。早期的红杉资本会在一个赛道上压注好几家，并从早期 VC 就开始投资。高瓴资本以前会在一二级市场同时布局，现在则会给一个项目连续投好几轮。IDG 资本更是会在全赛道、全阶段布局和投资，他们有 VC 基金、PE 基金、并购基金和产业基金。

第三类是本土人民币 VC。在美元基金的影响和带动下，本土人民币基金也在快速成长，成立比较早的有肖冰的达晨创投、郑伟鹤的同创伟业、厉伟的松禾资本、陈玮的东方富海、汪潮涌的信中利资本，还有偏 PE 的九鼎投资和中科招商，最后这两家曾经是新三板最火热的投资机构上市公司，最高市值超过千亿元。本土人民币 VC 的特点是相对低调，不像美元基金那么张扬和重视品牌宣传，对风险的承受力相对低，投资阶段也相对靠后，所以他们投出那些靠烧钱跑出来的互联网超级独角兽的案例相对较少；同时，他们会更偏向同一个地区的企业。

第四类是从老牌机构出来的资深投资人创建的新锐 VC。这些投资人能充分地了解传统机构的问题，可以结合自身多年的投资经验、明星案例和积累的互联网新贵的有限合伙人资源，更容易募资新基金，其投资风格也像美元 VC，如君联资本资深合伙人刘二海出来创办的愉悦资本、红杉资本原副总裁曹毅的源码资本等。这些新锐 VC 的特点是稳、准、狠，且创始人都比较年轻，对新赛道的认知和判断力也比较强。新锐 VC 能和天使投资过的项目达成快速合作。

第五类是企业 VC。最典型的机构有联想系的三大品牌：早期的联想之星、专注 VC 的君联资本、专注 PE 的弘毅资本。联想系的 VC 由于成立时间长，已经逐渐脱离企业 VC 的风格，独立地发展。教育行业有新东方和好未来等上市公司设立的投资部和 VC 基金。这几年，更多不同行业的龙头企业——如科大讯飞、碧桂园和红星美凯龙等——也成立了企业 VC。大部分的企业 VC 都会专注于本行业生态链上下游企业的投资和布局机会。

第六类是产业 VC。它一般是大的集团公司或两三个关联的产业方发起的产业主题基金，如半导体产业、智能制造、光伏产业、健康产业、文化旅游等行业都有不同的产业基金。2019 年 10 月，国家集成电路产业投资基金二期正式成立，规模 2 000 多亿元；而早在 2014 年，国家就成立了半导体产业一期基金，规模 1 000 多亿元，投资包括中芯国际在内的多家半导体科技公司。广东越秀产业基金专注战略新兴产业投资，投资过我们的明星企业影谱科技。2019 年，工信部和广电总局也牵头成立了一家超高清视频产业投资基金，布局大屏智能制造和 AI 影像技术方面的投资。借助 2022 年冬奥契机，我们早期投资的雪族科技获得了由张家口市政府和深创投合资成立的红土冰雪产业基金的战略投资。

第七类是政府 VC。做得最好的是深创投。广州基金、北京亦庄国投、上海各大区的投资基金、杭州高新投、苏州元禾资本是最早做混合所有制的国资投资基金，它们有母基金、引导基金和直投基金。现在几乎每个省、直辖市、地级市都有扶持科技创新创业的引导基金和直投基金。合肥市政府还因为投资京东方、长鑫半导体、蔚来汽车等科技企业而出名，网络上有一篇热搜文章《合肥，一个伪装成政府的投资银行》讲的就是合肥市政府的投资事迹。这篇热搜文章背后的公司酷玩实验室就是我们 GP 参股的龙翌资本种子投资的新媒体企业。

第八类是财富管理机构和家族办公室设立的 VC。从红杉投资诺言财富开始，中国出现了很多财富管理公司，像宜信财富、恒天财富、嘉华财富、陆浦投资、新湖财富、大唐财富等机构，它们主要负责资金端的募集工作和资产端的专业管理，帮助高净值人群做资产配置；在配置资金给专业 GP 的同时，他们也会成立跟投基金，选择中后期的明星项目进行跟投。我们也投资了几家专业的财富管理公司，像诺亚财富前 COO 应松创立的优脉财富、从优脉财富分拆出来的高脉财富，还有阿里巴巴高管创立的荷马金融。

第九类是投行 VC。很多投资银行、证券公司、财务顾问在帮助企业融资和上市时，如发现了好的项目，也会发起专项基金进行投资；不过他们的投资阶段基本是 D 轮之后或独角兽阶段了。中国最大的投资银行中金资本就给好几个上市和准备上市的企业做过保荐人。主做新经济企业财务顾问和上市保荐承销的华兴资本，也成立了好几支 VC 基金进行跟投。著名国际投行有高盛、摩根、花旗银行等，他们的投资主要集中在企业 IPO 阶段。本土的投资银行中信证券、海通证券、银河证券、中信建投、国信证券、广发证券等，都有不同规模的 VC 投资基金。

第十类是巨头 VC。巨头 VC 其实是 CVC 的升级版，它主要指千亿元以上规模的科技和互联网巨头成立的战略投资部、企业 VC 和科技产业 VC，如小米战投、顺为资本、百度投资并购部、百度风投、京东投资部、京东千树资本、阿里战投、山南资本、蚂蚁金服战投、腾讯战投、腾讯共赢互联网产业基金等。美团上市后也成立了战投和产业基金。最近，字节跳动也有了自己的战略投资业务和早期 VC 基金。

独角兽 VC 是我特别要拿出来说的一类 VC 板块。我相信，这些新一代独角兽企业在资本的加持下，估值会水涨船高，甚至估值涨得比业绩还快，因为他们拿过很多轮次的融资，有很多实战经验和亲身经历，充分地了解资本的魔法。除此之外，各地政府也对他们抛出了橄榄枝，邀请他们落地，为他们留地块、建产业园、成立创投基金。在这样的环境下，有不少独角兽企业还没上市就开始招标买马，成立战略投资部。商汤科技、知乎、元气森林等企业都已开始对同行业上下游企业进行投资和孵化。

PE 和 Pre-IPO 投资阶段的特点

企业一般从 D 轮融资开始算进入 PE 阶段了。PE 和 Pre-IPO 投资都是在项目方取得骄人业绩和行业地位时介入的，这时尽调工作主要是为了确保其业绩能够稳定增长，财务和法务合规和真实，以扫除上市和并购的障碍。

PE 投资人的角色主要是财务投资。投资人日常工作是做行业研究，即根据各细分行业投融资信息，了解未来 3 年有机会申报上市的行业头部企业。他们会拜访证券公司、VC 投资机构、大型审计师事务所、专做 IPO 前期规划和服务的律师事务所，以寻找和锁定难得的项目来源，结交优秀项目的实际控制人、大股东，务求能够第一时间介入项目，抢到更多的份额，这时投资人的地位感觉会有点像乙方。

PE 投资时的尽调报告和投资协议往往写得像上市招股书，厚得可以当枕头用了！所以如果 PE 机构或投资人想转行做早期投资，可能很难适应，因为他们会摆出一大串尽调清单和相当复杂的投资协议，最后会烦走大部分创业者。PE 投资的特点是：单个项目金额大，起点至少是几千万元甚至几亿元；一年做一两单就够本；不需要高倍数回报；有保本回购机制；能安全退出最重要。3 ～ 5 倍收益在 PE 投资里都算高的。

PE 的风险主要在于行业新竞争对手的出现、企业对风险信息披露的不足、经济形势的变化、股市大盘的波动，以及相关政策的不确定性。比如：中概股回归和借壳受阻、A 股 IPO 申报工作暂停、教育“双减”、反巨头垄断、中概股大幅度波动等。有些项目为了高估值甚至不惜虚做业绩利润，有些大股东还会抵押股份借高利贷。一旦 IPO 上市失败，申请被驳回、被逼推迟或撤回，那么所有的问题就都会涌现出来。PE 投资最常见的条款如业绩对赌和几年内上市退出，或回购退出的对赌条款，都是悬在企业实际控制人头上的刀。

本章介绍了投资行业的很多典故，并对 VC 圈“接盘侠”做了详细的分析和解读，希望能对归纳天使投资项目后续的融资策略提供一些帮助。做投资很重要的一点是赚钱退出，所以本章也解答了天使投资流动性、退出机制和退出通道等这些投资人最关心的问题。

我的投资
随想

未来10年必须抓住的投资机会

我认为以下两个赛道可能将在未来几年成为创投领域的大风口，你可以在这些方向之下更精准地筛选创业项目，提高投资成功率。

商业航空航天赛道

2014年开始，国务院及多个部委相继出台支持商业航天产业发展的政策，将军民融合上升到国家发展战略层面。几年下来，越来越多的人才和技术开始走向市场，也相继出现了不少创业公司。最早的几家中国民营火箭公司有蓝箭航天、翎客航天、星河动力，后起之秀则有天兵科技。2020年4月，卫星互联网被归入新基建的行列，民营航天产业再次引起资本的极大关注。截至2021年年底，已披露的中国商业航天产业相关投融资接近30亿元。

在中美科技竞赛的大环境下，国外商用航天产业的提速足以刺激到国内的民营航天产业，倒逼其快速发展。航空航天产业链上的各个环节，包括卫星的制造、发射、应用等多个领域，都有不同程度的投资机会。未来宇航研究院统计，在 2019 年年底国内已注册的商业航天领域公司共有 194 家，同比增加 37.6%。其中，卫星制造企业 50 家、卫星发射企业 33 家、卫星运营企业 46 家、卫星应用企业 65 家。美国卫星工业协会的数据显示，早在 2018 年，全球航天经济的规模就已经达到 3 600 亿美元。未来这个市场还将继续扩大。

你可以重点关注提供卫星运营服务的民营航天企业。运载火箭是商业航天产业的基础建设部分，也是人们进入太空的第一步，但是现阶段头部企业已经出现，不太适合早期天使投资进入。这个领域的头部企业有：成立于 2015 年，国内首家掌握液氧甲烷发动机技术的民营企业——蓝箭航空；于 2019 年就完成了中国民营火箭首次发射入轨的星际荣耀；2020 年 11 月，于酒泉卫星发射中心成功发射“谷神星一号”运载火箭，顺利将 5 颗商业卫星精确送入太阳同步轨道的星河动力。

我们可以关注卫星运营商业化的投资机会。马斯克 SpaceX 的星链卫星计划就是打算用 4.2 万颗卫星搭建卫星互联网。国内的卫星互联网产业也在加速发展卫星组网，预计将有更多创业公司借助已经搭建好的卫星互联网网络展开多项增值业务，比如 C 端电信运营服务、B 端自动驾驶、分布式云计算、工业控制和智能物流等。

元宇宙和 Web3.0 赛道

2021 年下半年开始，每个人都或多或少地经受了元宇宙热潮的冲击，相关新闻、短视频比比皆是。但是，在硅谷科技圈和投资圈里真正炒得沸沸扬扬的其实不是元宇宙，而是 Web3.0。硅谷著名的投资机构红杉资本、A16Z 都公开表示要跑步进场投资 Web3.0 的创新企业，以及去中心化金融（DeFi）、非同质化通证（NFT）和去中心化自治型组织（DAO）等，它们甚至要重组投资机构的组织，朝向去中心化的方向发展。但是，特斯拉创始人马斯克和 Twitter 创始人杰克·多尔西等科技企业的领导者却不以为然，他们纷纷在网络上发表不看好、不认同的言论。这两派意见在硅谷科技界引起了广泛的争议和讨论。

那么，Web3.0 是什么？

我们在前文讲互联网的 10S 阶段时，是从用户角度和从中衍生出来的商业模式及创新项目角度去看问题的，其实那里面已经包含了从技术角度走过的互联网 1.0 到 2.0 的阶段，即 Web 1.0 和 Web 2.0。现在我们来回顾一下他们的技术进化过程，这样会使你更好地理解 Web 3.0 为什么会诞生以及它所想要解决的问题。

1991 年，英国物理学家蒂姆·伯纳斯－李（Tim Berners-Lee）发布了世界历史上的第一个万维网网页（WWW），这也是我们使用到现在的互联网服务原型。到了今天，我们仍然可以点开这个网页，它解释了什么是万维网并链接了网页浏览器的使用帮助等信息。这个“WWW”就宣告了互联网 Web 1.0 时代的到来。从 1991 年到 2004 年，在 Web1.0 上发布和流转的信息出现了多次迭代，也就是我之前介绍的从 See 到 Streaming 的过程，出现的代表性浏览器和信息门户网站有网景、雅虎、新浪、搜狐等，这些信息是静态的、只读的，用户只能是观众，并无法参与其中。

2004 年年末，O’ Reilly 媒体公司 Web 2.0 会议在旧金山召开，公司创始人首次向公众介绍了 Web 2.0。他认为，Web 2.0 第二代互联网将允许用户创建并分享内容，并通过社交媒体进行互动；代表 Web1.0 的网景浏览器是静态和单向的，用户被动接收信息。以代表 Web2.0 的谷歌为例，谷歌的创新是用户能通过以数据驱动的搜寻引擎，自主输入查询信息，获得更精准的广告服务。

今天大部分科技公司都是 Web 2.0 时代的产物，包括谷歌、Facebook、微博，甚至所有的长、中、短视频网站，如 YouTube、爱奇艺、B 站、抖音等视频社区，还有百度百科、知乎等知识社区，做电商的淘宝天猫、京东等巨头，很多都成为中心化的巨头，不断地积攒大量的用户数据。但如果它们有一天倒闭了，或永久关停用户的账号，那所有帖子和动态，还有建立的所有关系就会完全消失，用户的信息本质上并不属于用户自己。

2014 年，以太坊联合创始人加文·伍德（Gavin Wood）在博客文章（*Insights into a Modern World*）中首次提出 Web 3.0 的概念。他认为，新的互联网运行模式应该是：信息由用户自己发布、保管，不可追溯且永远不会泄露。新的互联网用户不再需要在不同平台注册和创建多重身份，而是会有一个属于自己的、去中心化的通用数字身份体系，从而直接登录不同的网站，通过分布式应用技术存储、备份和掌握自己创建、分享和互动的所有内容，还可以跨平台转移和分享个人信息和动态。理想中的 Web 3.0 时代将是一个不需要依赖中心化巨头和组织、完全由用户掌控的时代。它的到来将彻底打破现在科技巨头垄断的局面，改写当前数字经济的运行方式，并引发大量自下而上的创新。

我认为元宇宙虽然讲得像宇宙那样宏大，但其实它就是一个概念，因为它并不代表某一种技术，它由很多种技术合成，可以说是一个庞大的数字经济系统。阿里巴巴将元宇宙喻为“下一代互联网”，腾讯说是全真互联网。如果让我说，我更愿意说元宇宙是眼睛互联网。为什么呢？假设第一代互联网是 PC 互联网，简称键盘互联网，第二代是移动互联网，简称手指互联网，那么元宇宙最有代表性的是通过交互式技术，VR 或 AR 眼镜，从物理世界进入虚拟世界，用眼睛带动手指和键盘，去打造和体验一个更广阔的元宇宙世界。

元宇宙与Web3.0的关系是什么？

在元宇宙的世界里，用户的数字化身可以自由地在不同平台之间穿梭，每个人将拥有自己的通用身份、通用钱包。比如，我们可以用数字化身在虚拟商店里买衣服，然后再穿着这身衣服去迪士尼的虚拟乐园里买票游玩，再把游玩记录传送到社交网站。在整个过程中，我们不需要去注册每个平台上的账号，也不需要用不同的结算方式如微信支付、支付宝、信用卡、数字人民币等进行消费，因为所有的数据都记录在我们的数字身份的账号里——这就回到了我刚才提到的Web 3.0的概念。所以，元宇宙和Web 3.0本质上是同一个时代的产物，你中有我，我中有你。

元宇宙如果代表天，那Web 3.0就是地，是元宇宙持续运行的基石。要想真正实现元宇宙，就需要有相应的基础设施：分布式数据库、不可篡改的加密技术、边缘计算等底层技术成熟后，Web 3.0时代才会到来；在此基础上结合VR、AR等硬件设备和与之相适应的政策监管环境，如数据隐私法、反垄断法、网络安全法，我们才会得到理想状态下的元宇宙。

但是，理想很丰满，现实很骨感。实际上，互联网向Web 3.0前进的道路上还有很多短时间内难以解决的问题：

> 第一，技术实现的成本高、难度大。中心化的巨头能力太强大，而去中心化的势能还没有完全形成。到2022年，比特币区块链每秒也只能处理7笔交易，而Visa的交易处理系统能每秒处理数万笔交易。
>
> 第二，目前很多区块链项目本身也不能完全地去中心化。根据去中心化的程度，区块链有公有链、联盟链、私有链3种类型，其

中联盟链多中心化，私有链弱中心化。

第三，Web 3.0 的去中心化设想，需要监管方面的大力支持。

总而言之，航空航天产业看起来离我们很远，其实也很近，近到可能未来某一年人人都能买一张飞船的船票，进入太空，进入真实的宇宙，去建立人类一个真实的新地球。元宇宙虽是虚实结合，但其中包含的技术跟大众也息息相关，是我们日常生活的一部分。所有的早期投资，在开始的时候都充满不确定性和争议，很多人看不明白、不敢投。为什么我们需要不断学习、不断拥抱新知识？就是因为我们要在这信息爆炸的时代不断提升自己的认知，通过认知的差距去消除一些信息不对称、认知不对称带来的差距，以时间换空间，早一点下手去把握未来的投资机会，赚取更多的长期回报。

坚持超长期主义价值投资之道

在最后，我准备把老鹰基金独特的看家本领——天使投资与产业结合的思维、设立常青天使基金的想法，还有我最新提炼的关于进阶科学天使投资的两个“超“字和两个“全”字——分享给你，希望你认真阅读，圆满结业。

天使投资，超长期的生活方式

我的创业和投资经历已有30多年。1988年我从香港中文大学毕业，投身中国的通信事业，正好赶上改革开放的第二个10年，之后便一路摸爬滚打创业，直到自己掌管一家港股主板上市公司。我做过并购和战略投资，也经历过坎坷和转型。2012年我成立老鹰基金，以创业的心态做天使投资到今天。30多年，这确实是一种超长期的生活方式，因为一旦走上创业的路子，你就回不了头。进入投资领域之后，我就爱上了天使投资，因为它本质上是创业投资，通过投资不同的年轻人和项目，我可以作为联合创始人，继续感受创业的全过程和激情。

募资的时候，经常会有有限合伙人问我，老鹰基金和别的天使基金到底有什么区别？区别还是有的，老鹰基金定位为产业型天使，我们的合伙人来自不同的科技和互联网行业，有着不同的产业经验和背景，包括半导体、互联网、智能制造、医疗健康等行业。

天使投资是老鹰基金的其中一项业务，它还有多个功能和定义。我们致力于为被投企业赋能，提供全方位、全过程的创业和管理服务，包括项目孵化、创业辅导、资源对接、管理咨询、投行服务、退出管理。创业项目在每个阶段都会出现不同的问题，需要进行针对性的判断、把脉，特别是早期项目，更需要寻找更多低成本的推广方式和渠道资源。老鹰基金的出资人组合包含很多成功企业家、互联网公司高管、投资机构创始人，还有市场化母基金、政府引导基金，他们或多或少都会参与老鹰基金被投企业的投后赋能工作。有些上市公司的投资部门更是看中了我们的被投企业，作为间接股东，他们也乐意提供更多的帮助，有时还会顺便追加一轮投资。被投企业只要签订了来自产业方的更多的订单，公司的价值马上就能体现出来，至少估值应该会有所增长。

风投行业多年来逐渐陷入了一个怪圈，就是受限于存续期的原因，大多数投资机构无法在被投企业上市后长期持有股份，它们往往着急地抛售套现，对新上市企业的股价造成极大的压力，基金无法长期支持企业发展，也无法享受企业在上市后创造的长期价值，对有限合伙人的长期收益是不利的。高成长性科技企业推迟上市的话，基金就只能在存续期结束前出让股份。目前，比较知名的常青基金有美国的 Sutter Hill Ventures 和美国泛大西洋投资集团，其背后均有特殊的长期有限合伙人的支持。

我一直有个想法，就是要打造一只天使长青基金，我自己做基石出资人，然后找 10 位有互联网和科技产业资源的朋友，每人出资一份，年期至少是“10+2（年）”或者是“12+2（年）”，到期后可多次延长，基金要常年保持 50% 的可投资规模，退出的钱部分收回来继续投资，循环不息，为出资创造更高的回报。红杉资本就在美国发布了一只常青基金，这在风投行业也是大势所趋。事实上，我筹备的第一期自己 100% 出资的管理规模为 1.2 亿元的天使基金就是常青基金，当时没有人教我，我也不知道什么是常青基金，现在 9 年时间过去了，我的天使基金也已经有十几倍的收益。

我会亲自抓常青基金的投资和管理，因为实践证明，天使投资不适合完全机构化运作，我管它叫半机构化运作，因为它既要有机构投资的理性和严谨，又要能体现创业型投资决策的直觉和感性。

“两超两全”的价值投资之道

很多二级市场的投资人都说自己是“长期主义”，我觉得不够贴切。二级市场本质上讲究流动性，见好即收，不应该和股票“谈感情”。有太多因素会影响大盘，包括宏观经济、政府政策、行业板块、资金流向，以及个股的业绩、行业地位、未来预期等。所以，二级市场的投资人除了对极个别“大牛股”可以讲长期主义，对大部分的股票反而应该讲短期主义，“短平快”获利也许是二级市场的本质。相反，一级市场的投资人才是真正的“长期主义”。一般的 VC 基金动辄是“8+2”或“10+2”的年期，基金到期后大概率还需要继续延期，因为有很多被投企业仍在艰苦创业的路上，还需要时间准备上市或并购退出。国外的天使投资基金通常周期更长。真正的天使投资是超长期主义的股权投资、创业投资。

在本部分，我们把超长期主义分为两个定义，即“两超”，第一个定义是超长期预判，第二个定义是超长期持有。有了两超，我们有了更多的筹码来进行创业公司的全生命周期投资，也就是“两全”中的其一。每当有项目跑出来，发展得越来越好时，我们就可以在后面的轮次继续追加投资。天使基金规模不够大没关系，我们可以设立偏早期的成长基金，也可以设立只投资一个项目的专项基金，这样就不怕在后面的轮次中看好的项目被多次稀释，投资人不仅可以增加与项目的紧密度，也可以在这个明星项目身上做到投资利益最大化。“两全”中的其二是全赛道布局，天使投资有一个重要价值是从创业源头建立项目库，在未来有大机会的赛道进行前期布局，围绕这些新技术、新赛道去挖掘更多优秀的创业者、科学家、企业家，而且每个项目的投资金额不需要太多，从这个角度讲，天使投资基金可以对相对多的创业赛道进行布局，简称叫“全赛道布局”，有了“两超”和“两全”，天使投资基本可以获得稳定和超出同行的业绩和收益。

超长期预判

天使投资主要围绕创业项目的第一轮和第二轮融资进行投资。总结一句话就是，天使投资人愿意承担风险，以“我不入地狱谁入地狱”的精神，作为先行者对早期创业项目进行投资，给予它们第一桶金。天使投资约等于非共识投资，我们很难做到超长期预判，但风险和机会是并存的。

超长期持有

超长期持有，即持有被投企业的股份超过任何投资基金的固有年限，做长期股东，真正陪伴企业长期发展，共同享受和赚取企业长期发展的红利。2001 年，IDG 资本与李泽楷共减持腾讯 3 成左右的股份，李泽楷将股份卖给了南非基金 MIH，进行了套现。现在呢？腾讯 2021 年市值最高时曾达到 9 450 亿美元，市值的 10% 也有 1 000 亿美元，假设李泽楷持有腾讯股份到今天，身家分分钟超过打拼了一辈子的李嘉诚；而 IDG 在腾讯损失的收益据说超过了 IDG 那么多年来的投资收益的总和。

全赛道布局

“两全”的第一个“全”是全赛道布局。很多人做风投，是投已知，即投资自己非常熟悉、了解和舒适的领域，这个做法的好处是能够专注在某个自己很专业、资源很强的行业。这个做法从短期来看好像比较稳健，但是每个人固有的经验和认知是有边界的，超出了这个边界，投资人就把握不准投资机会了。我认为这种投资策略时间长了会有问题，因为它取决于投资人对这个行业的创新接受程度有多高。长期沉浸在本行业的时候，投资人就容易无法去把握和捕捉到其他行业出现的很多新投资机会。而且，当本行业出现重大变故，比如在政策改变或出现系统性风险的时候，单赛道投资的风险系数就变得相当高了。

天使投资的“正确姿势”是投未来，未来在当前是未知，但是这个未知靠创业者的努力和打拼是可以变成已知的,因为你会跟进他的整个过程。创业者不仅勇敢，而且有能力把梦想变成现实。从想法到产品、从产品到公司、从天使轮到独角兽再到超级独角兽，都是靠人做出来的。科学天使投资就是按照前面介绍过的“看赛道1234法则”,投资真正的创业“三才”，做全赛道、全产业链的布局，建立覆盖面较广的投资组合。因为老鹰基金投的是“3 高”和“3 新”，有机会进行产业链上下游投资和资源的整合，说不定这其中某些企业在七八年甚至 10 年以后，会成为独角兽或上市公司，带来的潜在收益和产业协同效应将会让你惊喜不已。

全生命周期投资

“两全”的第二个“全”是全生命周期投资。天使投资还有一个最大的价值是掌握创业项目的信息源。在这个行业做久了以后，不管有没有投资过某一个项目，都至少会听过或看过，就算错过了，对项目每一轮融资的进展也不会感到陌生。行业里有太多的投融资信息平台，比如 IT 橘子、投资界、36 氪、铅笔道等创投媒体，通过它们能够轻松了解到项目的过往发展历程、每一轮的投资机构和融资金额等。

创业项目从公司注册、种子轮、天使轮到 ABCD 轮，会经过一个自然淘汰的过程，就像一个漏斗，越往后，项目数量就越少，项目的质量越好。项目到后期时，如果是你自己天使投出来的好项目，更是一副难得的好牌，拿到这副好牌不要轻易打出去，要留到最后。如果有可能，行使反稀释权，保住你的股份，甚至用新的基金继续加仓，追加投资。如果手上资金不够，到了 Pre-IPO 阶段，我建议成立一个项目专项基金（case fund）进行投资。根据我的经验，Pre-IPO 阶段时要尽量早点成立专项基金，这样溢价空间会更高；如果有 3 倍以上的预期退出收益倍数，安全边际就相当足够了。我们有几个明星项目都投了好几轮，从天使到 B 轮再到 Pre-IPO 轮，它们的估值从 1 000 万元涨到 15 亿元、再涨到 Pre-IPO 阶段时的 100 亿元，现在我们还成立了专项基金来追加投资。明星企业上市后，如果企业的基本面很好，能维持较长时间的高速成长，我们将会成立二级市场专项基金，继续进行全生命周期的投资。

为了实现超长期主义价值投资，我们一定要有好的身体。在创投圈，别人提起我时常常会说："鹰总是骑行圈投资最牛的、投资圈唱歌最好的。"其实我有一支飞鹰乐队，每到开年会我们就"粉墨登场"。我从小就是体育运动爱好者，年轻时踢足球，大学时是校队右边锋，毕业后长年坚持晨跑锻炼身体。后来爱上高尔夫，打到 80 多杆，也拿过几个业余的高尔夫邀请赛冠军。

2013 年我 50 周岁时，第一次带队到台湾地区环岛骑行，回来后成立了创投圈第一个骑行俱乐部，并连续 6 年带队进行台湾环岛骑行。2018

年我 55 岁，成功挑战宝岛公路最高点武岭山峰，连续爬坡 55 公里，登上海拔 3 275 米的高峰，算是给自己创造了一个纪录。

骑行的好处是我的身体变强健了，甚至能回到足球场。2018 年世界杯期间，我们成立了鹰超足球俱乐部。我们的微信群有 300 多人，都是创投圈足球爱好者，红杉资本、IDG 资本、愉悦资本、母基金周刊等机构的朋友都在我们俱乐部。我们每周末都踢 7 人场，还连续举办了 3 届天使杯、创投杯足球联赛。运动是人生最幸福的时刻之一，我的理想就是要超过巴菲特，不是财富，在财富方面很难超过他，我希望在身体素质方面可以超过他。他老人家 90 岁还在主持股东大会，我希望他长命百岁，到 100 岁也还能够主持股东大会，同时也期待自己在未来的 42 年里也都有机会和大家在老鹰基金的股东大会上见面。

从小鹰到老鹰，我的创业与投资历程

本书接近尾声，在此，我想把我33年创业和投资的一些经历分享给你，希望能给你一点参考和启发，以及留一点念想，也希望在不久的将来我们能有机会再见。

我是“60后”，我父亲是泰国归侨，母亲是印尼归侨，他们都是放弃了南洋护照回来建设社会主义新中国的热血青年。

也许是潮汕人加闽南人基因的缘故，我感觉自己天生就有经商的底子。我小时候经常听大姑讲爷爷和大伯在泰国打工和做生意的故事，那时他们经营大米生意，鼎盛时期有4条大船。我长大后喜欢看名人传记，大学读商科时也接触到了不少百年企业的经典案例，大至金融帝国摩根大通（J.P.Morgan）、高盛，小至意大利的皮鞋、法国的红酒、德国的剪刀和日本的宾馆，那些家族的传承故事让我印象深刻。

1977年，父亲带着全家人移居香港，这是我人生最大的转折点。刚到香港时，我由于英语水平太差被降了两级。但好强又聪明的我在一个学期的学习后不仅考了第一名，还当上了班长。

20 世纪 70 年代的香港给我的印象是：满大街的大喇叭牛仔裤，到处都在修建的地铁，天天播报的财经新闻，潮汕人的偶像李嘉诚，地产大亨郭氏兄弟、郑裕彤，船王董浩云、包玉刚，当然还有霍英东与澳门赌王何鸿燊。我作为一个天天想着发财的潮汕子弟，常常会陷入沉思。

到香港后，父亲母亲去工厂上班，供养我们四兄弟上学。工作之余，父亲会继续写他的一本中医书《伤寒论研究》——这本书于 1979 年由商务印书馆出版。家里省吃俭用七八年后，父亲和工友开起了电子表配件厂，后来合伙人撤资了，母亲被迫辞职到父亲工厂帮忙，干起秘书、文员、会计和保洁阿姨的活儿。由于他们本钱太少，工厂经常周转不灵，没有海外直客，香港的洋行和买手不仅会把价格压得很低，还会经常赖账款，收远期支票还得“98 找数”，即会被强扣 2% 作为让利。那时的我是个高中生，对此很是愤慨。

本来想当作家的我，上大学时毅然选择主修市场营销和国际贸易，辅修计算机和经济学——想来和父亲的工厂经历有关，按现在的逻辑就是“要掌控最后一公里”。大四时我报读了闵建蜀教授的中国经济学这门课，知道中国正在推行的第七个“五年计划”有 4 大板块，包括能源、交通、通信、原材料工业。我非常看好通信板块，因为我年少时就亲身感受过通信的不便利。我一向奉行逆向思维，相信越落后的领域就越需要新设备，那这个领域生意机会就会越多。

我于 1988 年大学毕业，连简历和毕业证书都没有，就经师兄介绍进入李嘉诚的和记黄埔洋行打工，一干就是 5 年。我从销售工程师干起，跑遍了北京、上海、广州、深圳、浙江、福建这些最早开放的地区。我还自告奋勇地帮 3 个部门卖产品——日本田村磁卡公用电话、日本电气公司（NEC）程控电话交换机和美国国家收银系统公司（NCR）酒店电脑管理系统。这些产品的客户不是电信局长，就是酒店老总。那时候，建设中的北京京广中心、昆仑饭店、金朗大酒店、新大都酒店、上海新锦江饭店、建国饭店、贵都大酒店都是我的企业客户。那时港商很受欢迎，我普通话讲得好，也懂国情，签了不少订单，一年涨了几次工资，很快升为经理。这段经历为我打下了基础，也帮我积累了人脉资源。等到 1992 年，我已经打稳了基础，跃跃欲试准备辞职创业了。

1990 年，我用 10 万港元投资了北京通成推广公司，占 10% 的股份。创始人金师兄就是当年给我介绍第一份工作的引路人。他们还签下北京地铁一号线西单站的独家广告运营权，是中国户外灯箱广告的鼻祖。可惜我创业后提前退出了。通成公司后来越做越好，改名“媒体世纪”，于 2002 年在香港上市，市值 20 多亿港元。我算了一下：即使只占 5% 的股份，也有 1 亿港元。股权投资真是一本万利啊！

1991 年我去瑞士参观电信展并认识了诺基亚、爱立信等众多通信设备厂商的负责人，结下了后来拿下诺基亚全国总代理权的因缘。1993 年辞职创业时，我正好三十而立，连续 3 天办了人生 3 件大事：第一天辞职，当晚飞北京；第二天举行婚礼；第三天长远电信正式开业。我太太是典型的北京大妞，心直口快，有她在的场合绝对不会冷场。

那时，诺基亚是“世界 500 强”企业，我用 20 万港元起家，能够签下诺基亚中国总代理权真是个奇迹。第一年，我因资金不足只能先做顾问代理拿订单，第二年便开始直接开信用证去芬兰订货。每季度销售压力很大，好在我手上还有一个独家代理产品。我代理着日本田村电机磁卡公用电话设备，与广州电信局、海口电信局、福州电信局、杭州电信局等客户签订了进出口协议。创业前 3 年，这个业务的利润支撑了我手机业务的大发展。

创业那几年的艰辛和孤独可想而知，没有投资人，家庭也没有办法给予支持，什么困难都得靠自己扛。随着中国手机市场的扩大，我又签约了飞利浦手机、阿尔卡特手机的总代理权。从 1993 年到 1997 年，我的年收入翻了几番、公司利润也翻了几番，但厂家给的订货压力也越来越大。

当时，公司资金链总是处于紧张和近乎断裂的状态，我想尽一切办法来筹钱，抵押房子、申请银行贷款、找厂家赊账、让利给客户预收款等，经常是拼到最后一刻情况才得到缓解。诺基亚后来又增加了几大代理商，如美国蜂星、北邦通信等纳斯达克上市公司，以及央企中邮普泰。

由于没有更好的融资渠道，创业 4 年后眼看年收入已到 5 亿港元、净利却只有 1 000 多万港元，于是我开始提前思考上市融资。上市过程也是荆棘满途，诺基亚业务占我们 90% 的业务比重，代理协议却是每年一签，单单这个风险因素就通不过。

后来我碰巧认识了一位德勤审计师的合伙人，从他那里才知道上市要找四大会计师事务所做审计，要补交所得税，还要找保荐人和上市律师，费用至少达 700 万港元（今天至少要 3 000 多万港元）。虽然挑战很大，但我别无选择。我从 1998 年开始做 3 年后主板上市的准备。1998 年我因完不成提货的任务差点被取消代理商资格后，更加急迫地想尽办法加快上市步骤。

幸运之神终于降临，1999 年初我知道了港交所推出的主打科技和互联网的创业板上市计划，而创业板只需要公司两年业绩。我不顾专家反对，立马决定调转枪头奔赴创业板。当时律师朋友建议我加个互联网概念，还向我介绍了美国海归互联网教授唐仪的创业项目，以及太平洋商业网络最新的 B2B 概念。朋友没有做尽调就为我背书，投了 40 万美元占 20% 股份。

我把长远电信加上“网络”两个字，搭上了科网股这趟车。

向港交所递交材料之后，消息便石沉大海。律师和港交所上市科认为公司的主要供应商太集中，且代理权的风险太高，不符合上市要求。无奈之下我急中生智，鼓起勇气直接致电港交所前副总裁霍广文，提出投诉并约见，同时请当时的诺基亚客户经理林国诚先生和我一起去拜访，以强调诺基亚对长远电信的信任和长期支持。也许是我的真诚和执着打动了霍总，两天后我奇迹般地拿到上市批文——我们的保荐人、律师和审计师都感到惊奇。上市路演很成功，我们获得超额认购，成功于 2000 年 2 月 16 日挂牌上市，第一天股价上涨 33%，成交量占整个创业板的一半还多，市值突破 20 亿元——那年我 36 岁，成为香港地区最年轻的上市公司主席。

2000 年夏天，阿里巴巴在香港地区募资，我去中环富丽华酒店听马云路演，觉得他这个项目有点不靠谱。我当时的判断是：互联网在中国要普及至少还要三四年。2015 年后，我才知道老鹰基金有限合伙人港中大师兄王干芝是马云的天使，当天就是他带着马云去融资的。每次我观看电影《回到未来》（*Back to The Future*），都想坐时光穿梭机回到 2000 年的那个夏天……

那一年其实我手上有很多现金，先后投了十几家香港地区的互联网创业公司，算得上是第一代天使投资人。科网股崩盘后，那些项目几乎全军覆没。回想起来，还好我当时独排众议，把握难得的机会，融资和套现两亿多元，既得到了上市地位，还可以继续增发股票，有银行主动上门给信贷额度，这使我的业务取得很大突破。不然，等到 2000 年下半年的全球科网股股灾、2001 年美国“9·11”恐怖袭击事件，全球经济下滑，不仅会让我的上市幻想破裂，公司还会被厂家取消总代理资格。

回顾当年的创业，商业模式本质是“贸易”，公司的价值就是“分销渠道”，没有自己的品牌和技术。借助20世纪90年代的移动通信的风口，我们公司曾经十分辉煌，成为全国三大手机代理商之一。公司上市后，我们最早宣布进军零售，之后业务在全国遍地开花，还把专卖店开到了西藏拉萨。

但是，我心里明白自己要长期面对好几座大山：开支大、毛利低、库存高、跌价快。由于深受“厂大欺店”之苦，2003年开始我们被迫转向国产手机，特别是波导和TCL，同时大搞深度分销的销售策略。我们在过早地深耕三、四线城市的同时，大量招兵买马，在乡镇都设有销售代表和驻店促销员，这埋下了战线太长、费用太高、管理失控的“地雷”。管理全国性企业是一件非常系统化和精细化的工作，一定要算清每一个小片区的投入产出比，不能只算大账。很多企业就是表面看合并报表是盈利的，其实内在问题很多，有时候只增加一根稻草的力量就足以摧毁一座城。

我们上市后连续多年盈利增长，2004年公司转到香港地区主板挂牌。但是基金经理和分析师发表研究报告说，我们做分销“天花板不高”“低毛利”“库存风险大”，股票市盈率一直处于偏低水平。其实我们业绩不错、股东权益报酬率（return on equity, ROE）也不低，因此我一直很不服气。

2007年美国次贷危机显现后引发全球金融海啸，多家上市公司倒闭或卖盘。我们不幸碰上“黑天鹅事件”：刚刚代理的三星手机出现严重质量问题，亏损严重。还好我提前计划，如期偿还了10家银行的授信和贷款。后来，我通过快速裁员、改深度分销为供应链服务模式，幸运地渡过了那次危机。

我大儿子20岁生日时，我跟他提到，金融海啸时公司遭遇了亏损和挫折，好在我经商有两个底线，第一是讲信用，第二是在任何情况下都要让自己有讲信用的能力。我知道如果公司业绩亏损，银行一定不会“雪中送炭”，只会要求提早还款。我亲眼见过好几家上市公司因负债过高、资金链断裂债务违约，被银行接管，创始人奋斗半生的身家一下子归零，甚至为负。他们的失败就是因为在顺境的时候“贪胜不知输”，不是杠杆太高，就是借短钱做长期投资，或者是做投机性投资碰上股灾被套牢。

2008 年长远集团转型重组后，我一直在思考如何做成百年老店，并开始尝试多元化投资和并购。我投资过国产手机深爱、珠海手机连锁店、张家界的度假酒店、湖北的矿山等，都无功而还。次贷危机和金融海啸后，巴菲特抄底引起我的兴趣。经过深度研究，我惊讶地发现，一家只有 20 多名员工以投资为主业的公司，居然成为全球市值排名第二位的上市公司，还创造了长达 20 多年回报率 22% 的优秀业绩。巴菲特成功的秘诀是：坚持长期价值投资，借助经济周期的波动进行逆向思维投资而获取巨额利润。

当时，我对生意的认知突然有所提升：我的生意是买卖产品，资产负债表里的库存是手机，而手机的价格每天都在下跌，产品还会因滞销或过时导致亏损；巴菲特做的生意是买卖资产，资产包括股权、债券、黄金、商品等，这些产品只要在相对便宜的时候买进，就既能保值增值、长线持有，又有很强的流动性，这是多么好的商业模式啊！这才是真正广义的生意！

股权，既有一级市场，也有二级市场。一级市场越往早期走，价格越低，周期较长，但是潜在回报很高。二级市场波动很大，短期价格影响因素与行业板块、政策导向、行业地位、公司业绩、资金流动关系有关，短期要赚大钱必须加杠杆，但加了杠杆就会提高风险；长期价格影响因素包括宏观调控、经济周期、产业周期、科技变革、市场行为等。我比较喜欢做长期的事情，因为这样我不用天天对着电脑炒股，可以专注企业的成长。但是，不管是一级还是二级市场的投资都应该注重企业的基本面和性价比。就这样，我以巴菲特为偶像，彻底向以长期资产买卖"投资"为主的生意方向转型。

喜欢 IT 和互联网的我，也经常研究科技和互联网企业的崛起。于是，我看到了红杉资本、IDG 资本、日本软银、鼎晖投资、赛富风险投资基金获得的巨额回报；南非基金 Naspers 于 2001 年从 IDG 资本和李泽楷手里接过来的超过 40% 的腾讯股份，只花了 3 200 万美元，却带来了超过 4 000 倍的回报。而我，在 2000 年错过了马云，在 2002 年间接错过了百度，还在继续卖着手机，做着搬运工。

2003 年，我到了"四十不惑"的年纪，对人生却开始感到迷茫，我报读了爱尔兰国立大学的 IT 硕士课程，想看看互联网世界到底在发生什么变化。同样认真的我继续考第一名，还拿了甲等荣誉硕士，补上了本科时错失荣誉学位的遗憾。

2004 年好朋友怡亚通供应链的创始人周国辉多次邀请我投资，我不为所动，因为我认为朋友不能因为钱而影响感情。2007 年去参与上市敲钟时，我才如梦初醒，百感交集。

作为手机行业的"老司机"，我从 2000 年起就投资过无线应用通信协议（WAP）手机上网项目。2009 年眼看移动互联网大时代来了——那是一个比 PC 互联网大十几倍的市场——参照日本 3G 发展的经验，我开始坐不住了，认定要进入风险投资，建立创投品牌，决心利用巴菲特的长期价值投资加上"科技"，用 30 年时间，投资 1 000 个科技创业项目，每一期基金要做到年化内部收益率 35% 以上。未来做大之后，合伙人负责中后期的基金，我自己将长期亲自打理早期基金。我非常热爱这件事，就像一个画家拿起画笔才有灵感、一个运动员上了球场才找到感觉那样，我也相信只有不断刷新科技认知的“创业老司机”，才能真正看懂项目，才能读懂谁是“真正的创业者”。为了从企业负责人更好地转型为专业投资人，2016 年我前往美国波士顿的哈佛商学院，学习最新的 VC/PE 风险投资课程。

2012 年我注册老鹰基金商标，第一期基金（上海长鹰）没敢找朋友募资，自己累计出资 1.2 亿元，连续 3 年投资了 50 多个早期项目。2013 年春节前打款的第一个天使项目是影谱科技，它现在是全国有名的人工智能独角兽领军企业，年收入十几亿元。我还投资了芬兰的 Jolla Sailfish 旗鱼手机操作系统公司，于 2012 年和 2013 年各投入 1 000 万港元。2016 年旗鱼中标俄罗斯唯一安全操作系统，2018 年它获得俄罗斯最大运营商 Rostelecom 的战略投资，同年俄罗斯政府宣布投入 20 亿美元打造旗鱼生态。2019 年中美贸易战，俄罗斯宣布向华为订购 36 万台平板电脑，并预装旗鱼—极光操作系统。

在创投圈多年，我比较活跃，也比较随缘，互联网公司、大小投资机构的朋友也多，不知不觉也做了个小的生态布局。我还出资给多家机构，做有限合伙人，包括天使百人会种子基金、镭厉资本、硅谷 F50 基金、硅谷 L2 创投（L2 Venture）基金等；还入股多家私募股权基金管理人，包括新龙脉控股、盛世投资、元和资本、君紫资本等公司；发起了多支地方基金，如成都老鹰易真、杭州老鹰、港京基金、海外参股洛杉矶海鹰、波士顿天使基金。一个老鹰资本控股的原型初步形成。

2014 年我帮助北京德丰杰龙脉资本成立新一期 VC 基金和新三板基金。2015 年老鹰二期正式机构化，并很快募集了 2 亿元继续做天使投资。

截至 2021 年年底，老鹰基金累计投资超过 200 多个创业项目，其中绝大部分是天使期项目。我们已经有 4 家企业成功上市，他们是怪兽充电、孚能科技、润建通讯和亿航无人机，并有 6 家企业正在准备申请上市，分别是影谱科技、趣拿网络、收钱吧、中感微、龙创设计和硅谷的 Knightscope 安保机器人，项目最高的回报倍数已经超过千倍。一路走来，我用真金白银练就了投资“如来神掌”，并参照道家的理论，经过多次论证悟出了“天地人 1234 法则”，道生一、一生二、二生三、三生万物，找到了用“看赛道”来提高预测成功率的可能性。

在创投圈，我的投资业绩可能不是最好的，但我的身体肯定是最好的。我看项目最多、社会兼职最多、发朋友圈最多、体育运动最多、投资授课最多、出席活动最多、给被投企业站台最多、担任创业导师最多……我出差时会带着跑鞋，在北、上、港、深都有高尔夫球杆，家里有跑步机、骑行台，卧室还放着两对哑铃，早晚练负重和深蹲。

2013 年我 50 岁，知天命之年和朋友跑去台湾地区环岛骑行，并深深地爱上了长途骑行。我希望把美好的体验传递给更多的朋友，回来就发起了飞鹰骑行俱乐部，并连续 6 年带团去台湾地区环岛，每次都有近 30 人参团。多才多艺的飞鹰骑行队友还打造出了创投圈最火的飞鹰乐队。

2018 年世界杯期间，55 岁的我又发起鹰超足球俱乐部，微信群人数很快到达 300 多人，成员来自创业、投资和互联网圈。我们建立了会员制度，并定期组织队内训练，每月还有机构间的友谊赛，我也坚持每周六下午参加足球活动。2019 年，鹰超足球举办了首届老鹰杯创投圈足球联赛。

人生最幸福的是：孩子大了，自己还没老。大儿子 Billy 毕业回来也积极参加鹰超足球俱乐部活动，他踢左边锋，我打右边锋，父子同场竞技，各有进球，羡煞不少朋友。3 个孩子从小我就陪他们运动。老二 Michelle 是篮球校队队长，老三 Westley13 岁身高 1.63 米时，百米冲刺跑进 12.1 秒，今年身高飙到 1.75 米，不知道百米冲刺的新纪录会是多少。

踏入 2020 年，不平顺的开局改变了人们的生活和经济格局。疫情之下，我待在家认真学习和研究，开始写疫情笔记。

2021 年，我与湛庐的 10 年稿约终于有机会兑现。湛庐邀请我开了一个天使投资音频课，题目为《科学天使投资课》，我想都没想就答应了。于是，我拿出了好多原本要用来交际应酬和打高尔夫的时间，开始认真准备每一个课件。录制音频是一个全新的体验，我从来没想过自己可以靠嘴巴谋生，当课程更新超过一半之后，反响超出想象。

之后我会做什么呢？第一，肯定是继续长期做天使投资。老鹰基金做大之后，肯定会有 VC 基金、产业基金和 Pre-IPO 专项基金。我已经培养和邀请了不少经验丰富的合伙人和投资团队，相信他们可以把好每一道关。第二，我在经营我的抖音号，希望把科学天使投资理论继续传播出去，并邀请更多志同道合的企业家、高管、高净值朋友转型加入天使投资人的行列。我希望大家能通过我的课件、视频和书籍，找到更多更好的创业“三才”，投出百倍、千倍的项目。

给创投新生代的生日礼物

时间过得真快，2016 年写这篇长文的时候，大儿子 Billy 刚刚从南加利福尼亚大学（USC）转学到温哥华不列颠哥伦比亚大学（UBC）就读大二。4 年后，Billy 大学毕业刚一年多，但已经走在了第二次创业的路上。第一次创业时间虽然短暂，但他也体会到了当一个 CEO 的不易，相信第二次他会有很大的进步。他选择的赛道好像天花板不够高，海外也有对标的独角兽企业，一切就看他的造化了。

关于融资，我对他说：我只管介绍投资人，能不能说服人家投资，你就要靠自己了。

我也经常鼓励 Billy，让他不要担心自己刚毕业缺乏实战经验，比尔·盖茨、乔布斯、扎克伯格创业时连大学都没毕业呢，36 氪创始人刘成城大学刚毕业后的第一次创业不也成功了吗？8 年前我虽然错过了刘成城的项目，却也和他成了忘年之交，看着他一路飞奔成长，30 岁不到就带着 36 氪上市了。他后来还做了氪空间、鲸准，项目越来越有看头。前几天成城找我聊天，没想到他是问我 8 年前投资的旗鱼操作系统，原来他又做了个新项目，鲸鲮平板项目，还搭载了一个自研的操作系统，真是后生可畏。10 年后这些年轻人可能更了不得。我想，这就是早创业的好处，早创业、早碰壁、早开窍。

下面便是我在 Billy 20 岁时写给他的长信，希望也能带给你一些启发。

Billy，

职场里，创业是最难的，但也是锻炼一个人最好和最快的方式。创业一切从零开始，麻雀虽小五脏俱全，CEO 从一开始就要习惯多维度考虑问题，从公司起名、工商税务、技术、产品、用户、市场、业务、找人、用人、部门搭建、商业模式、盈利模式、进入门槛、竞争对手、知识产权、费用管理、成本控制、财务到融资……缺一不可。当然，并不是每个人都适合创业，也不是每个人创业都能成功，所谓“创业九死一生”，创业失败太正常了。创业者首先要想清楚为什么创业，如果创业失败还要不要继续。这是一个没有标准答案的问题，只有真正创过业的人才明白。

我当年 30 岁不到，创办长远电信，拿下诺基亚手机的总代理权，20 万元白手起家，36 岁把公司发展到上市。现在算一算，当年如果谁天使投资我，哪怕只投 20 万元占股 10%，也会有几千倍的回报。这么多年我做过很多投资，比较下来只有做早期创业投资才会有得到超级回报的可能性。爱折腾应该是大部分企业家、创业者的共性。我感觉，是一种使命感、一种内在的力量驱动着我每天不知疲倦地前行。做生意、爱折腾，也许是我们潮汕人和家族的遗传基因，至少我相信我现在做的事情是在遵循内心的呼唤，因为它正是我喜欢的事业。

回想你出生的时候，我刚创业3年，多年来经历了很多起伏转折。没想到你20岁时，我二次创业又是正逢第3年。当年的创业是初生牛犊，赤手空拳想去打下一片江山；现在的创业是带着一个理想，带着一个团队想去建立一个百年品牌。

“少小离家老大回，乡音无改鬓毛衰。儿童相见不相识，笑问客从何处来。”小时候为了培养你早日独立，我一直在尝试不同的方法。你从小就读国际学校，国学和中文基础较薄弱，我建议你闲时要多读中文书籍，可以从四大名著、唐宋诗词读起，还可以读读金庸的全套武侠小说，这都是我在小学和中学时代读过的书。

“大学之道，在明明德，在亲民，在止于至善。知止而后能定；定而后能静；静而后能安；安而后能虑；虑而后能得。”这是古代儒学经典《大学》开篇第一句，这里的“大学”指博学或大人之学的意思。《大学》与《论语》、《孟子》、《中庸》并列为“儒学四书经典”，以后你有时间也得补补这方面的功课。

关于求学，也许是命运使然，从香港到北京，你的幼儿园和小学都读了两所；从北京到英国，你的中学也读了两所；从加拿大到美国，你的大学还是读了两所。当你大二提出转学，改变学科，从商科改到高中时就想主修的认知科学时，我并不了解你说的这个学科。得知这是计算机、心理学、语言学和哲学合并的新学科后，我暗吃一惊，如果是当年的我，不一定敢选，这可都是硕士级别的课程。现在普遍认为人工智能是未来10年的主要科技赛道，认知科学实际也是人工智能的核心组成部分，而3年前一个高中生就有这样的认知，孺子可教啊。

还是那句话，你正在快速长大，我希望你安心读书之余，也要适当参加社群活动，偶尔也要闻闻窗外事，在学好主修和辅修课程的同时，可涉猎些财务和法律知识。财务可提高一个人的财商，未来不管从事哪个行业，到了管理或老板岗位你就会知道它们的价值。法律知识会让你知道这世界的另一面，知道什么是可为和不可为，知道法律的底线是什么。害人之心不可有，防人之心不可无，而且商场上所有重大的合作、投资、交易都是需要签订具备法律约束力的合同或协议的。学一些财务课程会让你对数字和数据更加敏感，了解一家公司最重要的3张基础报表——损益表、资产负债表和现金流量表，这是未来你不管是经营公司还是做投资都离不开的。特别是现金流，它就是企业的血液，企业可以亏钱，但是现金流不能断，很多企业倒闭不是因为亏钱，而是因为资金链断裂，一下喘不过气了。

财务和金融是紧紧相连的。金融领域主要是资产端和资金端，资产端分一级和二级市场，资金端主要指融资渠道和投资方。一级市场主要看创业、创新和产业周期，二级市场主要看财务指标、流动性和经济周期。当然，两级市场都会受政府和政策影响，只是二级市场波动性大，较为敏感，要学会运用止损机制和安全杠杆。不管是一级还是二级市场，安全边际、价值投资、流动性都是你必须关注的重点。我知道你开始看本杰明·格雷厄姆《聪明的投资者》（*The Intelligent Investor*）了，这本书非常好，建议再看看巴菲特的书，比如《滚雪球》（*Snowball*）和《巴菲特致股东的信》（*The Essays of Warren Bnffett*）。巴菲特是我的偶像，他的投资理念简单有效，且他能够坚持多年，从而创造出持续稳定的高回报率。

讲到互联网金融，前几年有P2P、众筹，现在有金融科技、比特币、区块链，这都是你可能比较关注的领域。你即使炒币赚钱了，也要记住这不是因为你有多厉害，而是因为在对的时机入场，大势所趋之下都会涨。新事物不确定性很大，希望上面说的财务和法律这两门课的知识使你终身受益。现在和以前不同了，网络也好、社交也好，信息量太大，你要提高自己的认知水平，学会筛选过滤无用的信息，也要学会多核运转。现在是跨界的时代，你更应提高适应和应变能力。毕竟世界变化太快，学习能力差一些就会掉队，不能把自己束缚在象牙塔里。

“男人的肩膀是女人、家庭、公司乃至社稷的靠山。”男人的肩膀必须宽厚扎实。看见你经常健身，腹肌起来了，身子越来越健壮，我们都很高兴。我们看欧美很多家庭，他们的家族理念和事业代代相传，如杜邦、罗斯柴尔德、洛克菲勒家族等大大小小的百年家族企业和品牌，意大利的皮鞋、餐厅，法国的香水、红酒和服装，瑞士的钟表和军刀，德国的香肠和啤酒，英国的红茶和威士忌，也都是源自家族的传承。有一年我们去过意大利佛罗伦萨一家很地道的餐厅，它也是百年老店，招牌菜是老板小时候爸妈教给他的。我当时很感慨，能够长时间沉下心来做一件事本身就很伟大，不管是做什么，肯定能做好。

男人如果要成为靠山，首先要有独立的谋生技能。你想住大房子，让家人过好日子，就得知道靠打工是很难做到的。我们潮汕人有句话："功夫大大只渡生，生利细细会发家"。生利就是潮汕话"生意"，而做生意要成功也不是那么容易。能赚钱的买卖竞争都很激烈，不能心存侥幸，既想赚钱又不愿意辛苦付出是很难的，一分耕耘一分收获，这个世界要做大事、赚大钱没有捷径。先苦才能后甜。中国还有句古语："天将降大任于是人也，必先苦其心志、劳其筋骨、饿其体肤……"意思是想做大事，必须磨炼意志，锻炼精神、毅力。也就是说，要提高一个人的赋能，使他能够应付以后要面临的艰难和坎坷。一旦走出校门、踏入社会，生活圈子和方式就会改变，摆在你面前的是至少 30 年的职业生涯。一切从零开始，你不仅要做好辛苦打拼的心理准备，还要注意毕业后最初几年的重要性，你每一年、每一步的选择都会影响到后面的职业和事业规划。

爸爸

这封信写完后的 4 年，Billy 已经走在第二次创业的路上，现在又过去了 3 年，他的创业经历了转型和迭代，从无代码引擎到现在的大模型 AI

应用，产品也在继续打磨，一年多前做了一轮天使融资，目前在做第二轮融资，未来也许会有第三轮、第四轮融资，也许没有，都要靠他自己的努力和选择。

创业这条路很漫长，每一位创业者只要走上了这条路，都应该坦然接受路上的艰难时刻，勇敢面对路上的每一个挑战。但是有一点很重要，在这个过程中，创业者的经历和成长是花多少钱、上多少商学院课程都买不来、学不到的。创业方向不论对错，只要继续在路上，就不会有错，加油!

老鹰基金2023年致股东的信（精简版）

致老鹰X期基金出资人：

感谢股东们的信任和支持。自XX年底老鹰X期成立，不知不觉间，我们已经迈进第8个年头。老鹰基金始终立足于天使投资，殚于创业，不忘初心。天使投资和创业客观具备的长周期性、高不确定性以及高失败率的特点，使我们仍需事事谦恭、砥砺前行。8年来，我们不仅目睹了互联网行业和创投行业的潮起潮落，还见证了国家政策的风云变化。回首老鹰X期，从开始的高歌猛进，到中间的理性复盘；从往年的数次年会，到疫情防控期间的坚守和思考，一切都值得回味。一路走来，我们坚守阵地，带领团队做好投后管理、帮助项目对接资源、协助企业解决融资困难等工作，甚至用自有资金追加投资，借钱给被投企业解困。

老鹰X期开始时，正值移动互联网创业蓬勃发展，O2O、P2P、文化

① 本附录中，出于老鹰基金内部信息保密性考虑，隐去相关公司名及人名，保留了体现老鹰基金投资理念和方向的内容。——编者注

娱乐、AR/VR、教育培训等创业风口盛行，更适逢国家大力倡导大众创业、万众创新。在北京新三板交易所试行分层制，并发布合资创新层企业转主板上市等政策的大背景下，老鹰团队开始聚焦移动互联网、新技术和新消费创业赛道，挖掘优秀创业人才。尽管我们规避了很多创业泡沫和风险，没有投资 P2P 项目，极少涉足教育培训、O2O 和文化类项目，避过了一些可预见的系统性风险，还是绕不开一些不可预估的、更大的风险，比如中美贸易摩擦、芯片制裁、中概股风波、教育“双减”等。

疫情 3 年，我们的被投企业或多或少都受到了影响，有的创业者选择放弃认输，但是大多数创业者选择乐观面对、努力创收、勇于担当。也有企业创始人尽管背负债务，却依旧承诺归还我们基金投资本金和利息。当然，我们还有其他优秀的、合格的、一般的或令人失望的被投企业和创始人，目前的内部收益率和可分配的基金收益我们虽然不甚满意，但比起上一期基金，已经有了长足的进步；而在后面的新基金上，业绩表现又迈进了一大步。投资虽有风险，但我们坚持相信：高风险、高回报在天使投资上是长期有效的原则。只要保持敬畏之心，认真工作，诚信为本，秉承我们的“天地人 1234 法则”“老鹰十不投原则”，在大机会的赛道里仔细挑选创业“三才”，即生意奇才、经营奇才、创新奇才，再付诸行动，老鹰的每一期基金都可以交出让投资人满意的答卷。

本封致股东信，我几乎写了一个季度，改了好几个版本。自 2023 年年初，我们持续和每一家被投企业联系，进一步了解他们 3 年来的业绩表现、公司现金储备、融资需求以及 2023 年发展计划等，积极关注他们第一季度的业绩进展。同时，我要求每一位被投企业创始人亲自给我写信，无论企业是已经倒闭清算、业务停滞，还是正常运转、已经盈利、高速发展准备上市，我都要求他们深度思考、认真复盘，把企业的真实状况、发展计划和对我们基金的退出计划详述于我。曾有一天，我接待了一位出资人朋友，当我打开电脑表格展示我们的内部收益率数字时，他说："还好，本以为已经是负数了。"我回应说："如果我们的业绩是负数，那我肯定早已经混不下去，老鹰基金可以关门大吉了。"

过去我们以最保守的原则，把大部分发展不理想的项目的投资本金全部减值为零。但经过对被投企业的再次全面调研，我们重新对被投企业进行分类，因此对 2022 年度财报的内部收益率有所调整。当然，早日让投资人实现本金退出、收益分配才是最真实的业绩。为了让股东清晰地了解每个项目的实际情况，我们把所有被投企业分为已全部退出分配企业、部分退出企业（含分红）、准上市独角兽企业、3 年内拟 IPO 企业、5 年内有机会 IPO 企业、拟并购退出企业、下一轮融资退出企业、存续企业创始人拟回购、项目失败 / 转型 / 拟平移股份、存续待观察企业、项目失败拟回购、项目失败投资减值等 12 个分类，并对每个项目进行概要描述，并适当引用创始人来信的原文，让各位可以在字里行间窥见不同创业者的心态、状态和直面老鹰投资本金的态度。

关于那些转型或失败的企业，我们将长期和创始人保持联系，关注他们的工作和再次创业的动态，并在适当时候洽谈补偿投资款、回购前期股份、平移到新公司股份的操作。大部分创始人表示感谢、理解并配合。

以下选录部分被投企业的最新动态。

1. 某人工智能独角兽企业

2023 年通用人工智能、大模型、AIGC 生成式内容在全球范围内开始火热流行，一级创投市场掀起了 AIGC 创业和投资热潮，YP 科技作为中国最早研发和应用大模型 AI 生成式内容的领军人工智能科技企业，被列入“2022 年度 AIGC 应用创新 Top30”榜单。YP 科技已经连续 5 年为全国两会提供人工智能生成式视频技术独家服务。业务方面，公司在 2023 年后，业绩按月大幅度反弹。老鹰一期基金在 2013 年独家投资 YP 科技天使轮，2016 年跟投 B 轮，2020 年老鹰专项基金跟投 Pre-IPO 轮。该公司已经完成港股上市申报前期准备工作，待市场条件成熟将可进行申报。

2. 某快消品牌 DTC 服务平台

本基金第二家准上市企业上海 QN 科技已经完成港股上市申报准备工作，顺利的话近期将会开始申报工作，2023 年年底或 2024 年年初可以实现挂牌交易。作为快消行业数字化 DTC 创新型企业，公司从 2013 年创业以来，迈进了第十个年头。我们一期在 2013 年独家投资天使轮，2017 年本期基金跟投 B 轮，2021 年老鹰专项基金跟投 Pre-IPO 轮。公司累计服务超过 3 000 个快消品牌，在全国 30 多个城市铺设 1 万多台自研的新品派发自动贩卖机。在公司有效的降本增效系列运营调整之下，2021 年度、2022 年度连续两年净利过亿元。2023 年第一季度业绩出现大幅增长，营收超过去年半年的数字。我们在最新一轮融资和 IPO 申报过程中帮助它对接了大量的投资机构。

3. 某中式特色餐饮连锁

BZH 主营中式煲仔饭。2016 年我们进行天使投资时它只有 4 家门店，很多人并不看好。目前它已在全国开设 150 多家店。公司在浙江、安徽、上海等地区实现商业模式跨地域验证成功，单店模型、人才培训、管理标准化、供应链和数字化管理都趋向成熟，品牌和行业地位已经获得加盟商普遍认可。在开店融资方面，我们介绍了滴灌通注资上千万元作开店资金，开了18家新店，此举虽然增加了资金成本，但不会稀释股权。未来公司打算引进更多合伙人联营，预计3年后可开500多家分店，2026年实现百城千店并迈向上市IPO。

4. 某城市级智慧停车运营商

TKX是业内领先城市级智慧停车运营商。业务方面，截至2022年年底，公司共签约近30个城市，覆盖10个省份，签约车位7万个，在运营车位21 427个，每个车位每天都有停车费收入分成。营收方面，2022年净利润1 875万元，预计2023年收入和利润将翻倍。发展计划方面，2023年计划累计签约50个城市，车位数达到20万个，未来3年地域覆盖范围将持续加速扩大。资本方面，2023年将完成B轮融资，并进入快速发展阶段，计划于2024年冲击IPO。

5. 某VR虚拟现实大空间运营商

CJ科技的愿景是成为全球最大的沉浸式娱乐品牌。截至2023年第一季度，公司全国在营门店50家，新增22家门店，2023年目标新增100家门店。公司已经从连锁门店模式转为平台模式。数据方面，会员复购率提升明显，2022年第三季度达到43%，是2021年同期16%的2.7倍；会员复购频次上，2021年用户年均消费频次为1.9次，2022年提升至近3次。以上两个核心数据的提升证明用户的消费习惯从“尝鲜式消费”逐步转向了“习惯性消费”。未来3年的目标是实现500家门店营业规模，计划 2026 年申报科主板或科创板上市。

6. 某新营销 DTC 服务商

ZJ 是业内领先的 DTC 品牌增长营销运营服务商。2015 年我们投资时该公司只有两个人，现在公司规模已达 200 余人，总部在北京，上海、杭州、西安等地均设有分公司，拥有自己的电商直播基地和消费者运营基地，今年收入将突破 1 亿元。目前服务五菱汽车、荣威汽车、哪吒汽车、极氪汽车、沃尔沃、东风日产等多家汽车集团的新能源品牌。公司首创并跑通了线上新能源汽车直播电商赛道，2021 年“双 11”活动期间，创下 53 天汽车直播间销售额 1 亿元的纪录，成为天猫和抖音平台的“汽车电商教科书级案例”。除了汽车行业，ZJ 还涉足大消费品行业，客户包括泸州老窖、劲牌、蒙牛、圣元集团、良品铺子、战马、VOSS、雀巢咖啡、特步、台铃等国内外著名消费品牌。本年度新开拓了百度、字节、易车等平台客户。ZJ 也是行业内第一个提出“品效销”营销方法轮和“DTC”营销方法论的公司，打破了行业的发展瓶颈，帮助企业实现“品牌与销量”双增长。鉴于 ZJ 不断创新的独特的商业模式和业务增长数据，我们认为它将会得到资本市场的认可，并在未来 5 年内冲击上市机会，成为行业独角兽。

7. 某小米生态链企业

FY 科技是一家以专用通信为核心的终端设备提供商和解决方案服务商，致力于为个人用户和行业用户提供智慧融合的专用通信终端及解决方案服务。目前，该公司已经形成了专网通信、公网通信、卫星通信等产品线，并开发出车载通信、运动通信等新型产品。FY科技获评国家级“专精特新”小巨人企业、省上市后备企业和省优秀民营企业等荣誉。该公司累计申请专利200余项，已授权发明专利40余项。在企业客户方面，FY科技为小米科技、中国移动等提供服务，负责小米全系列的专用通信产品。通过电商平台和线下代理商，该公司自有品牌为C端用户提供服务，目前在售产品10余款。在2022年成本上涨的情况下，公司仍然加大研发投入，实现年收入近两亿元。自2016年我们参与天使投资以来，公司迅速实现量产、规模扩大并实现盈利。

8. 某户外运动聚合平台

XZ科技从创业开始就定位垂直冰雪产业数字化服务平台，过去两年进行产业升级，平台更名“极X”，从冰雪和极限运动扩大至大部分户外运动场景。创始人近期给我们带来了惊喜：“XZ科技2022年B端加C端交易完成超2亿元GMV，并实现净利。2023年目标4亿元营收，净利翻倍，未来3年进入快速发展通道，每年业绩增长将不低于50%。”公司在近期将完成新一轮融资，某知名早期机构老股东将发行专项基金产品对XZ科技进行追加投资。未来几年我们将寻找并购或上市退出机会。

9. 某基于FPGA的模块化测试测量与控制的仪器厂商

MT是一家专注于FPGA①技术的进口替代模块化仪器厂商。创始人来信说：“MT情况介绍，去年主要的工作是研发PXIe产品线，

① Field-Programmable Gate Array，即现场可编程门阵列。它作为一种半定制电路，既解决了定制电路不足的问题，又克服了原有可编程器件门电路数有限的缺点。——编者注

公司研发了 69 款板卡（截至今年 8 月已经有 101 款在售）、3 款机箱、4 款控制器。同时我们成功建立了自己的生产、制造和测试的完整流程。至此我们完成了模块化测试测量的所有产品品类和几乎所有通用测试测量的信号和板卡覆盖。拥有两大模块化产品方案：PXIe 和 RobustRIO。2023 年主要计划做市场和品牌建设，建立服务好的高端品牌形象。2023 年对产品定价将大幅提高并改善毛利率。”在未来的几轮融资中我们将择机分段退出。

10. 某人工智能仓库机器人技术公司

JT 机器人是一家以集成众多人工智能算法的蜂巢软件系统为核心的物流机器人研发商。团队由来自澳大利亚国家人工智能研究所的几位海归博士组成，公司的拳头产品拿到了顺丰、阿里巴巴等巨头公司的认证和小订单，也拿到了某大厂资本的 A 轮投资。可惜在 B 轮融资碰上某机构支付一半投资款后跳单的情况，最后资金链断裂。创始人复盘：“导致公司最终失败的表面原因是投资方违约，其实问题根源还是核心团队成员缺乏从商经验和公司运营经验，缺乏对市场的敬畏，我们本质上还是以大学实验室的模式来经营公司，犯下了以下几条致命的战略错误：一味过分强调技术先进性，对前沿技术的研发投入太大；由于错误判断了市场，产品落地方向选择了高难度、低毛利、低付费意愿的物流企业，而放弃了高毛利的生产型工厂；不懂包装营销，浪费了巨大的市场机会；团队成员严重偏技术，缺乏销售和管理人才。在这次创业的经历中，我衷心感谢老鹰基金的帮助，不但多次出手帮忙把公司从濒临崩溃的边缘拉了回来，还多次为公司推荐了重要的核心成员以补足团队的严重短板。负责任地说，如果没有老鹰基金的全力支持，我们根本不可能坚持到 B 轮融资。复盘过程中，我充分感到不一定要用最尖端的技术来赢得用户，很多时候只需用最快、最稳妥的方式去解决用户的痛点问题，用户就会非常乐意掏钱。未来我一定会再次创业，而且也一定会向一直信任我、支持我的老鹰基金回馈新公司的股份。”

11. 某虚拟现实眼球追踪技术公司

WM 是一家向 AR/VR 产品提供视觉追踪眼球控制技术的底层软硬件研发公司。公司拥有世界领先水平的 VR 眼控技术，创始人是难得一见的科技人才。可惜碰上 VR 行业遇冷，融资困难，产品商业化进度慢，最后资金链断裂。创始人复盘：“前几年因为整个 VR 行业遇冷，我们在新一轮融资过程中遇到很大阻碍，前后拜访过 50 家左右机构，拿到过几个投资意向书，但是最终都没有达成投资。为了拯救公司，我自筹资金，前后注入约 200 万元，还是没能力挽狂澜。作为连续创业者，经过多次失败和复盘，我学得了以下几点：第一，行业选择，新型行业有巨大的可能性，同时也有巨大的不确定性；第二，天时地利，热闹是一时的，要找到让自己心安的冷板凳；第三，财务预测，公司现金流的消耗速度是非线性和相对隐性的；第四，宁缺毋滥，团队要宁缺毋滥，一个合适的人，比 100 个没那么合适的人能做得更好。这几年新的创业方向是研发发热芯。这个研发方向属于典型的交叉学科，牵涉到的学科有材料学、流体力学、热力学。我们用 4 年的时间开创了一个领域。对于老鹰基金我会再给一个交代，包括赠送或平移股份。

12. 某高清图像传输的科技企业

> RR 科技公司创始人在疫情期间为了支撑下去，连续自掏腰包，抵押房子，甚至刷爆了信用卡，3 年下来公司还是倒下了。创始人复盘：“第一，过于迷信要把所有的技术都掌握在自己团队手中，导致产品进度太慢，错过了最佳的商业机会。第二，产品思路不够坚定，几次调换方向，浪费资金，不出成效。第三，押宝高难度的需要投入大量资金才能完成的新产品。第四，供应链不够完善，采购成本偏高。第五，对于资本寒冬不够敏感。第六，华为海思芯片受到美国制裁冲击，断供后没有第二方案。”创始人希望给他一些时间，计划在近期开始二次创业，继续回馈当年老鹰基金的投资和帮助。

创业不易，天使投资也不易，做一个天使投资机构更加不易，我们且行且珍惜。

创业投资、天使投资背负时代的使命，我们将重点关注新能源、新材料、半导体、先进制造、元宇宙、生物科技等热门赛道，特别是在 A 股注册制正式实施、港股主板允许亏损高估值科技企业上市的背景下，企业上市门槛下降，退出通道拓宽。

未来几年将会是老鹰 X 期退出的最佳时期，衷心感谢各位出资人的信任、支持与耐心。我们有信心给大家交出一份满意的答卷。

刘小鹰
2023 年 5 月 22 日
于北京

未来，属于终身学习者

我们正在亲历前所未有的变革——互联网改变了信息传递的方式，指数级技术快速发展并颠覆商业世界，人工智能正在侵占越来越多的人类领地。

面对这些变化，我们需要问自己：未来需要什么样的人才？

答案是，成为终身学习者。终身学习意味着具备全面的知识结构、强大的逻辑思考能力和敏锐的感知力。这是一套能够在不断变化中随时重建、更新认知体系的能力。阅读，无疑是帮助我们整合这些能力的最佳途径。

在充满不确定性的时代，答案并不总是简单地出现在书本之中。“读万卷书”不仅要亲自阅读、广泛阅读，也需要我们深入探索好书的内部世界，让知识不再局限于书本之中。

湛庐阅读 App：与最聪明的人共同进化

我们现在推出全新的湛庐阅读 App，它将成为您在书本之外，践行终身学习的场所。

- 不用考虑“读什么”。这里汇集了湛庐所有纸质书、电子书、有声书和各种阅读服务。
- 可以学习“怎么读”。我们提供包括课程、精读班和讲书在内的全方位阅读解决方案。
- 谁来领读？您能最先了解到作者、译者、专家等大咖的前沿洞见，他们是高质量思想的源泉。
- 与谁共读？您将加入到优秀的读者和终身学习者的行列，他们对阅读和学习具有持久的热情和源源不断的动力。

在湛庐阅读App首页，编辑为您精选了经典书目和优质音视频内容，每天早、中、晚更新，满足您不间断的阅读需求。

【特别专题】【主题书单】【人物特写】等原创专栏，提供专业、深度的解读和选书参考，回应社会议题，是您了解湛庐近千位重要作者思想的独家渠道。

在每本图书的详情页，您将通过深度导读栏目【专家视点】【深度访谈】和【书评】读懂、读透一本好书。

通过这个不设限的学习平台，您在任何时间、任何地点都能获得有价值的思想，并通过阅读实现终身学习。我们邀您共建一个与最聪明的人共同进化的社区，使其成为先进思想交汇的聚集地，这正是我们的使命和价值所在。

图书在版编目（CIP）数据

天使投资科学实战课 / 刘小鹰著. -- 北京：中国财政经济出版社，2023.10

ISBN 978-7-5223-2525-5

Ⅰ. ①天… Ⅱ. ①刘… Ⅲ. ①创业投资—经验 Ⅳ. ①F830.59

中国版本图书馆 CIP 数据核字（2023）第 178744 号

责任编辑：胡　懿　　　　责任校对：胡永立
封面设计：张永辉　　　　责任印制：张　健

天使投资科学实战课
TIANSHI TOUZI KEXUE SHIZHANKE

中国财政经济出版社 出版
URL：http://www.cfeph.cn
E-mail:cfeph@cfemg.cn

社址：北京市海淀区阜成路甲 28 号　　邮政编码：100142
营销中心电话：010-88191522
天猫网店：中国财政经济出版社旗舰店
网址：https：//zgczjjcbs.tmall.com
天津中印联印务有限公司印装　　各地新华书店经销
成品尺寸：170mm×230mm　16 开　18.00 印张　249000 字
2023 年 10 月第 1 版　2023 年 10 月天津第 1 次印刷
定价：109.90 元
ISBN 978-7-5223-2525-5
（图书出现印装问题，本社负责调换，电话：010-88190548）
本社图书质量投诉电话：010-88190744
打击盗版举报热线：010-88191661　QQ：2242791300